U0910320

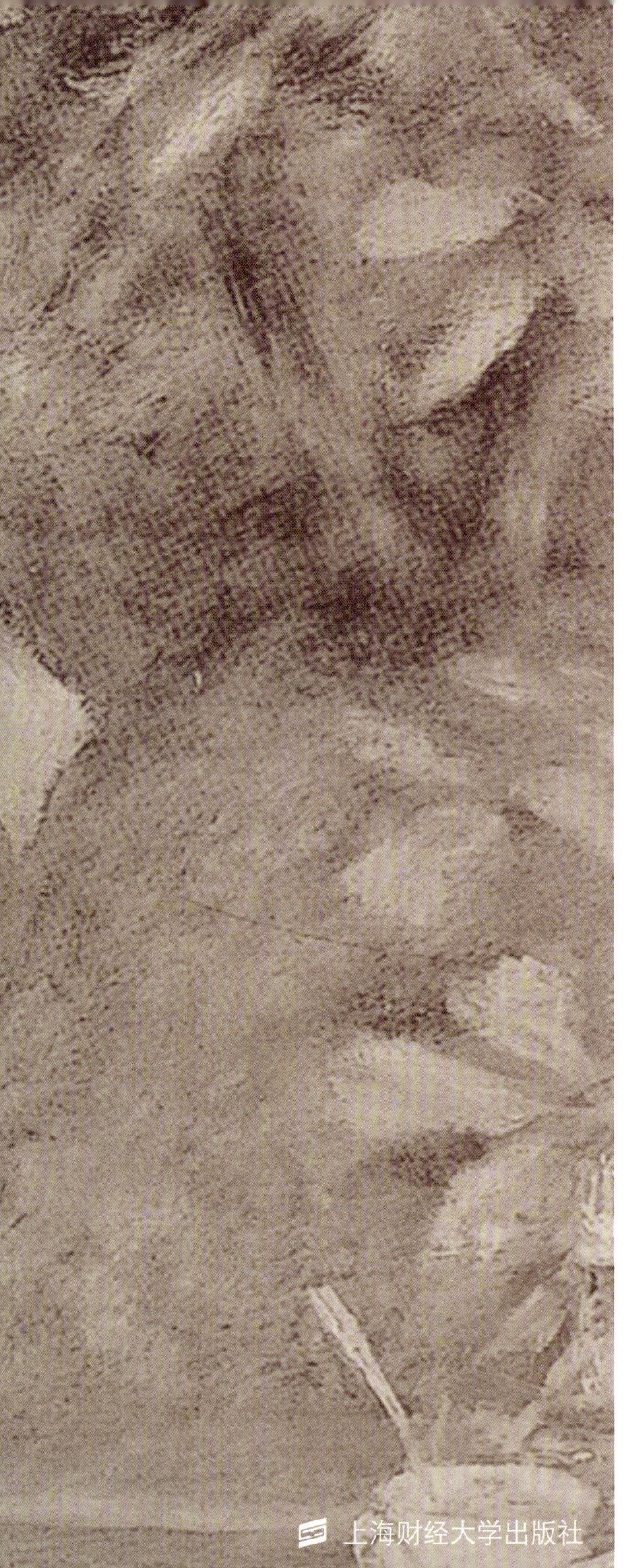

浪漫巴黎

奥赛与橘园

张志雄 著

上海财经大学出版社

图书在版编目（CIP）数据

浪漫巴黎. 奥赛与橘园 / 张志雄著. —上海：上海财经大学出版社，2023.4
（志雄走读）
ISBN 978-7-5642-4129-2 / F・4129

Ⅰ.① 浪… Ⅱ.① 张… Ⅲ.① 游记-巴黎
Ⅳ.① K956.59

中国国家版本馆CIP数据核字（2023）第034506号

特约编辑 / 周　艳
责任编辑 / 邱　仿
整体设计 / [法] Valerie Barrelet

浪漫巴黎
奥赛与橘园
著 作 者 / 张志雄

出版发行 / 上海财经大学出版社有限公司
地　　址 / 上海市中山北一路369号（邮编200083）
网　　址 / http://www.sufep.com
电子邮箱 / webmaster@sufep.com

经　　销 / 全国新华书店
印刷装订 / 上海颛辉印刷厂有限公司
版　　次 / 2023年4月第1版
印　　次 / 2023年4月第1次印刷
开　　本 / 787mm×1092mm　1 / 16
印　　张 / 23.5
字　　数 / 277千字

定　　价 / 135.00元

总序

用生命去走读

1

我1966年出生于上海，很早就开始认字，外公在小方块纸上写着毛笔字，教我念。

我儿子好像也有早识字的天赋，可他比我幸运，在他很小的时候，我就买了很多书给他，而我当年却无书可读。

那时候我只有几本连环画可看，有《看云识天气》《台风》等，还有我哥哥姐姐的教科书：《农业基础知识》《工业基础知识》和《历史》。我当时很渴望看书，饥不择食，《农业基础知识》或《工业基础知识》这些我不感兴趣的图书也看。1974 年开始“批林批孔”，特别是对孔子的批判，使我了解了一些中国古代的故事，受益匪浅。

我就是这样成长起来的，所以一直以来对文字都很渴望。

1976年以后中国发生了巨大的变化，书的品种逐渐多了起来，但想要看书还是很难，记得那时候连数理化丛书都不好买。如《安娜·卡列尼娜》《子夜》和《家》等文学经典，更是难买。那时的上海新华书店外经常排着长队，有钱也买不到书。我那时刚10岁，很想看书，哥哥比我大4岁，比较机灵，买了一些书，但他不给我看，认为我会把书弄脏。

1976年之前，我跟着哥哥姐姐看了点借阅的书，譬如《敌后武工队》和《青春之歌》。但一般来说，这些书只有一天或一天半的时间可供我们阅览，等轮到我看的时候，已经没剩多少时间，我只能掐头去尾地阅读。《青春之歌》里传递的女主角林道静与共产党员江华恋爱的感觉，朦朦胧胧，让小小年纪的我非常激动。

1976年后，我想尽办法自己去找书。在我家附近的复兴中路和嘉善路路口有一家小新华书店，店里有两个女店员，我记得一个胖胖的，一个瘦瘦的。胖胖的那个与我一个叫“大头”的同学关系很好。我那时瘦瘦的，不善言谈又不会讨好人，每天跑到小书店，可怜巴巴地望着那些书，不会讲话，就在那儿看着。店里没什么书，那些文学名著都是藏着掖着的紧俏商品，不过她们私下会有一两本。

当时的我就像一条渴望骨头的小狗，每天中午午休和下午放学的时候，跑到柜台前，眼巴巴地看着那个年纪不大、瘦瘦的女店员。终于有一天，她给了我一本书，我非常激动地把钱递给她，这是我买的第一本名著。遗憾的是，我记不清书名了，应该不是很好看，但给我的印象很深刻，我总算拿到了一块“骨头”。

那时我读文学名著，其实没怎么看懂。我最喜欢的还是《小朋友》这本杂志。《小朋友》只在南京西路的邮局有售，这地方离我家很远，对一个小孩子来说，走过去蛮辛苦的。因为是月刊，《小朋友》并不太准时，印象中只会在一个月的某个时间段里出现，我们经常要去三次才能买到一本《小朋友》，如果错过了就没有了。所以每个月有几天，我们每天中午或下午跑过去，虽然要走很长很长的路，但是很激动，每一次都充满了期待。

我从小看书，有丰富的想象力。我很喜欢在小伙伴面前讲故事，这些故事后来都写在《儿时的弄堂》里。1992年，我已经在上海证券交易所工作，那时股市很红火，为遵守职业操守，我不做股票，没事就写《儿时的弄堂》，书中还写了一些恐怖故事。因为小时候没有什么书可看，就听大人们讲鬼怪故事，然后我就发挥想象力，自编故事。小时候我总是渴望，有一种东西能够填充我的想象。

2

我小学五年级毕业时，上海第一次实行重点中学制度。我被上海第五十一中学（现在的位育中学）录取，我自由的放养式学习阶段就此结束，开始以升学为主要任务的应试教育，不能看闲书了。给我印象非常深的是仅有一次看闲书的机会，我当时迷上了福尔摩斯侦探小说，在学校图书馆里连续看了一两个月，导致我的平面几何成绩急剧下降，期中考试只勉强及格。后来我不敢再看闲书，期末考试就满分了。

此后，我的初中和高中就在应试教育中度过，除了教科书，没怎么看其他书。

1984年，我进入大学，第一学年半学期过去后，来了一位叫刘健的老师。他毕业于上海交通大学马列主义哲学专业，是我们的哲学老师。他比较赏识我，我和另一个同学就好似他的弟子一般跟着他。刘健老师是一个蛮有趣的人，买了很多有意思的书，他把一套《读书》杂志送给了我。

记得1984年冬天，我将那套《读书》（从创刊到最新的）带回家，除了吃饭睡觉外一直在看书，也不出去玩，天天待在阁楼里，整整看了一个月。看完以后，从阁楼下来，回到大学，遇到刘健老师，我眼睛发亮，对他说我变了。两年后，刘健老师离开学校，临走之前他把书全都留给了我。他觉得读书没用，但是我把他的书全看完了，从此就走上了读书的“不归路”。

这些书大致构成了20世纪80年代的时代背景，一个读书理想主义的时代，但并不是每个大学生都在读书，只能说有相当一部分人在读书，读书的范围和数量其实是很大的。

虽然我学的是理工科，但我立志要报考文科研究生。当时文学批评专业是最热门的，有点类似后来的经济学。20世纪80年代的文学相当繁荣，文学批评融合了各种社科知识，很有思想性。所以，1988年我报考了上海师范大学文学系的研究生，但很遗憾最终未被录取。

大学四年中我一直疯狂地读书，使我受益良多，涉猎的内容不仅有人类学、社会学、政治学、心理学、历史学和哲学等学科，而且有各国不同时代的文学作品。那时候，我读书经常是囫囵吞枣，不是每一本都精读，但视野是开阔的。

今天回头看，这种读书方式对我很有帮助。因为年轻，即便乱读、瞎读也没关系。那时候的我每天读书到了何种程度呢？大学毕业后我被分配到工厂成为一名车间工艺员，在工厂待了三年，没好好工作，每天都在看书。

即使当时年轻，也会看得头疼，怎么办呢？没事我就跑到复旦大学里跟人家辩论，因为那里有刘健老师的同学在做老师。

后来我可以在一天里同时读四五本不同类型的书，只要是可读的都读。除了刘健老师留下的很多书，还有我自己买的。那个时候，我系统地读了美国经典的现代小说。

天天读书，读了太多太多的书，人变得有些神经质。

有一些经典著作，类似《战争与和平》那种很厚的书，我一卷一卷地读。我一直说，在年轻的时候通读文学，那种对情感的撕扯和令人癫狂的状态至今仍有感触。那时也有些书不敢读，比如尼采的书。今天回想起来，厉害的文学作品都特别好看，尤其是拉丁美洲的文学作品，让我如痴如醉。

有一次，我见到一位当时著名的文学评论家，向他请教时列举了很多书。他很感慨地说：“你读的书比我读的还多。”

我是把书当作生命去读。当你把书当作生命去读的时候，你仿佛在浴火重生，全部的身心都会沉醉其中。

不过，当时也出版了许多翻译得极差的书。20世纪80年代的美学翻译差到什么程度？一本书里的字都认识，但没有一句话看得懂，我就是在这乱七八糟的翻译文字中渴求着知识。

3

我就这样如痴如醉地一直读到1991年，然后开始训练自己的写作。1991年我进入上海证券交易所工作的缘由很有意思。我当时想做一名文学青年，抱着文学编辑的梦想，而《上海证券报》那时根本没有文学副刊，完全是我误信了传言。后来我办了副刊“窗外”，还有了些名气。当时办副刊是主编特许的，其实他不太喜欢，他说我把副刊办得风花雪月，而证券类报刊最重要的办刊宗旨是引导股民理性投资和开拓市场。

我开始写市场评论和报道，工作之余写了《儿时的弄堂》，还写了本长篇小说《大头娃娃》。现在我很后悔在2000年的时候把《大头娃娃》毁掉了，因为当时自己极度不自信。如果这本书留下来的话，现在看会非常有意思。

就像我在《五十自述》里谈到的，我开始进入功利性的写作阶段，即便如此，1998年我还是写了本文化评论的书——《串烤韦小宝》。读书也在读功利的书。1995年“寻求证券大智慧大讨论”中，我写了很多评论。这些评论展现了我的文化功底，当时很多朋友和证监会的领导都说我是北大历史系毕业的，但我不是，我是理科生。

实际上这是一种消耗，对我真正的读书生活来说是很大的消耗。到20世纪90年代末，我觉得自己实际上已经消耗了太多的时间和精力。

4

2002年，我创立《价值》杂志，开始为公司的生存而奋斗。我看了很多投资类书籍，写了大量价值投资的文章。直到2006年，牛市来了，公司终于存活下来。这时，我只想做一件事情，就是读书。我想读很多很多书，我主编了六十多卷的《投资者文摘》，准确地说，书名中不应该有“投资者”，就是《文摘》。

我把好书里的精彩内容摘录下来，边读边选，《投资者文摘》里的文章都是我精心挑选的。20世纪80年代我读了很多书，唯独没读经济学的书，直到90年代我才恶补经济学和投资知识。但我认为经济学和投资学真的是枯燥无味，它不能影响我的精神世界，所以，在2006年我开始做《投资者文摘》。这是我开始疯狂读书的另一个阶段。

那个时期对我来说是一段很快乐的日子，我很希望牛市再多延长些时间。遗憾的是，2007年10月牛市结束，2008年市场开始进入熊市，离场的读者不再看《投资者文摘》了。

大约在2009年的一天，我坐在家里的花园赏花喝茶，突然之间感到万分失落。在43岁的年龄，我还想再做点事，做些什么呢？想写点东西，把脑海中思考的东西写成一本书；想出去走走，孩子也大了，可以出去玩了，第一个想去的地方就是英国。

于是，我跟另外一家人一起去了英国，回来以后写成《寻路英国》。我对英国的制度做了分析、思考，还写到商业与教育，这本书我个人很得意，蛮有意思的。

接着我又完成了《来去美国》（两卷），也不是完全写美国，还写了我们这一代人的感受。有的人在中国，有的人去了美国等世界各地，大家有缘汇聚到一起，一起交流。流失在美国的中国艺术品，是我感兴趣的内容，琢磨后写下来，也算是一种交流方式，一种文化的碰撞。

之后我开始写第三本书《去以色列读那本书》。因为信仰的关系，我认真思考这本书，花费了很多精力，看了很多这方面的书籍。这本书我写得很满意，后来给专家审过，一些相关宗教人士也都看过，他们都觉得没问题，我挺骄傲的。

接下来是《安达卢西亚的雨巷》，有抒情的风格。一开始以很严谨的方式写了《寻路英国》《来去美国》和《去以色列读那本书》，然后写《安达卢西亚的雨巷》，每一本书的风格与形式都不一样，和我的乐趣有关，我不想有统一的模式。写商业旅游类书籍应该是统一的模式，但我没什么兴趣，因为我自认为这些不仅仅是旅游书。

后来的《趣味新西兰》和《北欧彩虹》也都是觉得有内容才写的。北欧之行是和我儿子的同学及家长一起去的。这本书写得很快，完成后给北欧的朋友和大使馆的朋友看，他们都觉得很不错。

我还写了两本关于日本的文化游记《秘色日本》和《京都味道》。两次旅行分别由日本的两位朋友高田和奥田带领我们游玩，高田带我们游玩的是东京及一处山地，奥田则带我们逛京都。让当地人带我们走他们的家乡之路，很感性、很亲切。

5

我真正想将“志雄走读”系列做大，是从“意大利看画”系列开始的。我连续去了三次意大利，包括后面写的《爱在阿西西》《冬日西西里》和《激情那不勒斯》，都属于对意大利文化的观察和记录。

40岁之前，我记忆力极佳，不用做记录就知道某些内容在哪本书的什么地方。40岁之后，深感记忆力明显下降，有时会分不清梦境与现实。自那时起，我知道能拯救我的只有写作。我想通过这种强化来刺激自己，让大脑有所变化。那就读读写写吧。

去意大利看画真的很快乐，到各个地方与角落看壁画、看展品，感觉自己像考古学家或艺术史家。儿子一直跟着我去世界各地看画，我曾对儿子说，如果你到美国上大学，学艺术史专业，一些老师可能都未必有你看的原作多。

看了那么多幅画，去了那么多博物馆，这种经历不是人人都有的。看了那么多画之后，我的眼光发生了变化。

接着又写了“瑰丽中欧”系列（四卷），我的旅行路线是慕尼黑、柏林、德累斯顿、维也纳、布拉格和布达佩斯。慕尼黑的博物馆让人看得很过瘾；柏林博物馆岛上的各个博物馆展品都数量庞大，质量绝佳；德累斯顿收藏宝物的绿穹珍宝馆最为精彩，我们的审美有些透支了；在维也纳待了五天还是觉得不够，被这座艺术之都所吸引；在布拉格，尤其是布达佩斯，我们确实陷入了审美疲劳。

低地国家是我一直想去的地方。2017年夏天，我们去了荷兰和比利时，回来就完成了《阿姆斯特丹之光》和《比利时大城》。描写荷兰“小桥流水”般的景致和比利时布鲁日的舒缓秀美，要比写德奥文化轻松多了，除了对它们的艺术作品很感兴趣，我还描绘了尼德兰文化的昌盛。当然，我也探讨了荷兰当年的资本主义文化，它的开创性不亚于英国。

6

再到巴黎各个博物馆看画，是2018年初的冬天，因为我只能利用儿子的假期去走读，夏天的欧美各个地方都很好，但冬天就不一样了。欧洲的冬天很寒冷，即便偏南的西西里岛也不是很适合旅行。我之所以选择在冬天去巴黎，是决定在室内的博物馆和教堂度过大部分时间。后来，我们还跟随法国女设计师漫游了巴黎的街道，那年巴黎遇到了很罕见的冬天，经常下雪，雪景中的巴黎让我们很快乐，回来后我完成了“浪漫巴黎”系列。

这时候我看画的感觉也产生了很大的变化。据说持续不断地学习，大脑的机能自然会发生变化，我的眼光也发生了变化，变得很不一样。当你看了几万幅画的真迹后，眼光自然就变了。这种自信来自你的经历，来自你的投入。每当参观完博物馆回到上海后，我还要看照片、选图，在反反复复的鉴赏中形成这种信心。我认为对艺术的鉴赏，并不是说你学了艺术史专业就能成为鉴赏家。

我后来到墨西哥看壁画，当看到著名画家迭戈·里维拉（Diego Rivera）的壁画时，我觉得他一定受到了意大利文艺复兴时期几位大艺术家的影响，其中一位对他的影响特别深。后来我查阅里维拉的有关传记和评论，果然如此。

因为这些形象就在我的脑海里，画里人物的神情、形态立刻浮现出来，所以我一看就知道里维拉是从意大利艺术中汲取的灵感。看到这些画就仿佛看到了人物的各种情境、构图，那种精神、笔墨、颜色很难表达，不是从书本上能读出来的，也不是听某人讲就知道的。这种自信来自大量看画的经验积累。

我觉得走读是一场顽强的读书与游历，也是我40岁以后能重新回到二十多岁年轻人的状态的原因，我确实是用生命在走读。

用生命去做事、去走读，其实也和人的个性相关。我想，绝大部分人不会用生命去做事情。什么叫用生命呢？实际上就是消耗，最后精疲力竭，因为这才能融入你的生命中。你可以说这是一种浪漫的说法，也可以说这是一种夸张的说法，但实际上是存在的，它类似于宗教般的体验。

我通过这种方式走读，一直持续到“浪漫巴黎”系列，可以称为“艺术之旅”。

虽然我以后还会写些艺术品的鉴赏，但不会再有这样的规模了。

7

后来在瑞士，我感觉自己是山水之子，格调是抒情梦幻的。走读瑞士的书名是《一个自游人的瑞士33天》，完全是精神上的漫游。

在《墨西哥谜局》里，有两条主线，其中一条是对中美洲古文明的摸索。我过去对中美洲古文明的认知是，阿兹特克帝国是野蛮的，喜欢人祭；玛雅人是智慧的，天文学和数学极为发达。

可当我真正去了以后，发现中美洲古文明更为复杂。得益于多年的走读经验，让我抓住了其中的一些精髓。例如，几乎所有墨西哥当地导游和相关书籍都津津乐道于中美洲文明的两种年历，他们有一种特别的52年周期，即每52年就要除旧布新，在原有的金字塔上再盖一座新的金字塔，这样就会出现“俄罗斯套娃”般的叠床架屋。

我开始深信不疑，后来仔细看了多处遗址，发现金字塔的“套娃”现象并不像传闻的那么准确。我找到的唯一一本考古学专业书籍也发出了同样的疑问，让我感到欣慰。

还有一条主线是中美洲古文明经常提到的现象——中美洲人经常弃空城而去。这有许多解释，以出现旱灾和疫病的说法多见。我凭自己对文明的一些研究和理解，还是觉得这与他们自己的社会失序有关吧。

我写完《墨西哥谜局》后有种冲动，想再写一部小说，展示一下自己的想象力，比如羽蛇神的驱逐与归来，球场比赛究竟是输家还是赢家献祭？

8

每写一部“志雄走读”系列的作品，心中都充满了激动与好奇。完成《墨西哥谜局》两个月后的2019年夏天，我又先后前往苏格兰高地与英格兰乡村，并著有《苏格兰高地之魂》与《英格兰乡村漫步》。我每次还没有去目的地的时候，就开始进入状态，感觉太好了。我的人生常常就处于这种状态，准备出行之前，与目的地的种种时空交流，令我非常开心。走读的喜悦还未开始，就感觉已经拥有了，不是很好吗？

2019年10月初，我走读日本，出版了《在北海道发现日本》；同年圣诞节期间，我又去了埃及并写下《蓝色尼罗河》；2020年春节，我又前往柬埔寨，《柬埔寨双子星》问世。正当我计划5月去韩国，7月去爱尔兰之际，新冠疫情来袭，我只能在家读书，养浩然之气至今。

记得1991年的时候自己很穷，还大量抽烟，好烟买不起，好书也买不起。当然，一般的书还是买得起的。我印象非常深刻的一件事是，那时候想买一本香港三联书店出版的沈从文《中国服饰史》，一本很厚、装帧很漂亮的书，价格在1000元人民币左右。当时，我和女朋友几次去上海淮海路的书店都望而却步。终于有一天，我们两人一起把这本书捧了回来，我们捧着书无比激动。那种感受，现在再也不会有了。

沈从文是我很喜欢的作家。我记得《中国服饰史》刚买回来的那天，半夜就把它拿出来放在书桌上慢慢看，感觉人生进入天堂般的甜美。阅读给我带来无与伦比的享受，这么多年来一直伴随着我。

大学毕业后我在工厂工作时很辛苦、很压抑，躲到阁楼上去看书，读《日瓦戈医生》。印象中，小说主人公得了心脏病，非常难受，一种快死的感觉，小说的情节我已经忘了，可我记得那种生命的拯救。

我曾在“志雄走读”读书会群里遇到两个生活在俄罗斯的中国人，一个是大学生，另一个是国企的外派人员，半夜和我聊俄罗斯。那个大学生问我什么时候去俄罗斯，我说我为了走读俄罗斯准备了30年。

我很喜欢俄罗斯文学，记得在工厂的三年间读了不少这类作品，譬如托尔斯泰的《战争与和平》。他的伟大之处就是擅长描写日常生活中的美好，描写在战争阴影下各种人物的幸福感、善良本性及悲欢离合。

《战争与和平》也是托尔斯泰构建的一种史观，有两条线。一条线是拿破仑侵略俄国，俄国人民是如何战胜他的；另一条线就是当地人民的生活情境，两条线都写得非常好。他真的是超一流作家，在我心中比欧洲的其他文学家都要伟大。

还有陀思妥耶夫斯基。如果托尔斯泰代表俄国文学的太阳神阿波罗精神，陀思妥耶夫斯基就是古希腊酒神精神，是俄国文学的另一面。

陀思妥耶夫斯基展示的其实是一种斯拉夫精神，和托尔斯泰的理性完全不同，但他也触及人的灵魂深处，让人无法抗拒，甚至战栗，产生阅读的共鸣。《罪与罚》中的大学生、赌徒、凶手、妓女的爱情，别人写这些，肯定非常滑稽，而到了陀思妥耶夫斯基这里，就是神来之笔。

9

总的来说，写作是需要不断训练的过程，从模仿开始，接着试图自由表达，把很多事详写出来。而且写作需要坚持，我现在不敢停止写作几个月，我知道停了就真的停了，因为写作也是一种耐力与磨炼的积累。写作和读书不一样，读书可以躺着读，可以轻松地读，写作必须在桌前坐下并认真对待。

用电脑写作是一场革命，这么多文字，若是在以前用手写我肯定得崩溃。当初《寻路英国》和《来去美国》都是手写的，很慢；到了《去以色列读那本书》，我开始用电脑写作，最初很不顺手，但后来越来越快。

即便如此，像我这种消耗方式也是有问题的，比如一个月内完成十万多字的《沸腾香港》，这种速度，才思如泉涌。今天，我写“志雄走读”系列已将近十年，写得我有点累了。

10

走读给我带来太多的东西，一谈，我就很来劲。

最后想说的是，这是一个有些功利的时代，欧美历史上也经历过，看起来活力十足，充满商机，但也很麻烦。

我在大学里学过一个名为“负反馈”的重要概念。如果没有负反馈，只有正反馈，系统就会崩溃。我觉得现在社会上的很多人都生活在正反馈当中。

我读卡夫卡的小说，谈到我们的生活可能是场骗局。我为此想了很多年，觉得生活未必完全是场骗局，看你怎么活了。但如果不注意，还真可能是一场骗局。

我一直在提醒自己，在佩服投资大师巴菲特之余，对他的赚钱术不能过分迷恋。当金钱化运动走得很远时，整个社会也许很有活力，但个人可能会成为历史车轮下的一块石头，被压过去。

我时时刻刻提醒自己为什么行走读书，我们拼命赚钱，自以为很成功，却没想过我赚了钱干什么。我这样拼命劳碌，天天为了钱而奔波，为赚到钱而乐呵呵，却忘了我们的生命在流逝。到最后，我们得到了什么？这不是深刻的哲学。

这也是我经常走入世界各个不同地方的原因。在今天，我们仍然生活在不同的世界里，不要以为现在是全球化，事实上地球非常不平坦。

我们出发，努力体会其他地区人们的生活。我们要记住，幸福的人是不说话的，开心的人是不说话的，比你有智慧的人也不会说。你得意忘形的时候，认为自己很有钱、很开心，你是否知道别人比你更幸福、更开心、更有智慧呢？

也许人家的幸福只是不说而已，人家只是在旁边笑笑而已。我们不要这么得意，不要自我感觉特别好。所以我经常跑出去，东看西看，左看右看，我要体验世界别样的生活。

我们也许无法移居到称心如意的地方，但我们可以通过不断地走读满足自己的一部分心愿。

张志雄

2023年1月修订

于浦东御翠园

自序

巴黎的博物馆，卢浮宫（又译“罗浮宫”）排第一，奥赛博物馆列第二。奥赛博物馆可以说是卢浮宫的法国艺术藏品后传，拥有法国19世纪后期的艺术家精品。

奥赛博物馆最精彩的自然是五楼的印象派展厅，印象派发端于巴黎，虽然世界各大美术馆都收藏印象派作品，但奥赛博物馆的印象派展厅最佳。除了阿姆斯特丹的凡·高博物馆，这个展厅的作品几乎囊获了印象派与后印象派的代表作。

例如：马奈的《奥林匹亚》和《草地上的午餐》；莫奈的五幅《鲁昂大教堂》系列；雷诺阿的《煎饼磨坊里的舞会》《城市舞蹈》和《乡村舞蹈》；德加的《贝莱利一家》和《苦艾酒》；卡勒波特的《刨地板的工人》；巴齐耶的《画室》；修拉的《大碗岛》。

印象派画家或者现当代画家的特点是重复题材的作品比较多，但我上面列举的画家代表作，在我印象中，似乎只在奥赛博物馆中才有。

印象派作品都偏于小幅，而上述的作品不少是大幅，自然是画家最用心的顶级作品。

与翻看印刷品不同，只有在博物馆欣赏真迹才能体会到大幅作品的魅力。

奥赛博物馆的一楼就是巨幅作品的世界。19世纪的伟大画家库尔贝的《奥尔南的葬礼》和《画家的画室》之庞大，只有身临其境才能想象。画作固然可以小中见大，但有内容的巨幅作品还是令人惊叹不已，类似多卷长篇小说，自有一种格局。

小画自有它的味道。一楼和二楼有纳比派和象征主义等流派小幅作品，这些画家几乎与印象派画家同时出现，他们其实画得挺有趣味，只不过被印象派画家的声名所掩。奥赛博物馆藏有他们的代表作，我花了许多时间细细品味。

正是在这里，我发现了一位19世纪末的巴黎画家蒂索。在他让我惊艳的画作中，我嗅到了普鲁斯特《追忆似水年华》的气息。我把蒂索与普鲁斯特写入了《浪漫巴黎——跟着法国女设计师游巴黎》，描绘巴黎那个“美好年代”的故事。

我自己也收藏一点欧洲绘画，其中一幅是莫奈老师布丹的作品《海滩》，我对这位曾被低估的画家有些研究。我在奥赛博物馆中发现了布丹的三幅精品，于是将他的生平与风格算是比较独特地描述了一番。

橘园美术馆也是收藏印象派的圣地，它最有名的是莫奈的《睡莲》组画展厅，我们置身其中，犹如漂流在生机勃勃的美艳之河上。

本书还介绍了玛摩丹－莫奈美术馆和罗丹博物馆。

玛摩丹－莫奈美术馆的一大特色是收藏了印象派女画家摩里索特的许多作品，她曾是大画家马奈的情人。

在罗丹博物馆中，我也在关注着克洛岱尔的雕塑作品，她是罗丹的情人。与最后嫁给马奈弟弟的摩里索特相比，克洛岱尔被她的家人送进了疯人院。

张志雄

2023年3月

目录 CONTENTS

第一章

奥赛博物馆（一）

奥赛博物馆收藏的绘画和雕塑基本上是法国艺术家的作品，我们应该循着 19 世纪的法国绘画来欣赏。安格尔、德拉克洛瓦、夏赛里奥和柯罗四位大师的作品相较于卢浮宫中的来说，虽然数量少，缺乏代表性，但还是各有杰作的。

I

很难理解我2000年在巴黎待了整整一个星期，起早贪黑到处跑，却没有去奥赛博物馆（Musée d'Orsay），大概我当时觉得奥赛博物馆只是陈列了一些印象派的作品吧，以后随时可以看。

后来两次去巴黎，都是行色匆匆，还是没去奥赛博物馆。

等到2017年夏天，我们玩好荷兰、比利时后，特意去了巴黎三天，我首先选择花一整天的时间参观奥赛博物馆，但我还是忽略了奥赛博物馆的深度，在很认真地看完五楼印象派与二楼后印象派的作品后，发现时间来不及了，只得匆匆看了二楼和底楼的一部分作品。

2018年冬天我又去巴黎，原计划周四去奥赛博物馆，因为当天有夜场。可我到了巴黎后，觉得奥赛博物馆也就剩下一楼和二楼的雕刻走廊没看，大半天时间足够了，于是我们周二去了那里，开始在底楼中央通道的雕刻展区悠闲地东看西看，到了下午快2点的时候，发现奥赛博物馆的深度远不像我们想象的那么简单，我们赶紧加快节奏，虽然最后总算看完了，但想重温一下上次匆忙参观的二楼“新艺术”等展厅，没法实现了。

彼得·J.加特纳的《艺术与建筑：奥赛博物馆》说奥赛博物馆的展区面积有16000平方米，相当于卢浮宫的一半。我花了五天时间才看遍卢浮宫，观赏奥赛博物馆确实需要花两天的时间。

II

1792年建立的卢浮宫博物馆是第一个真正对大众开放的博物馆，历史悠久，但奥赛博物馆的开放时间比一般人想象得要晚，1986年才开馆。

1900年，为巴黎万国博览会而建的奥赛火车站即将完工，当时有位画

奥赛博物馆

家讽刺道："这座奢华的火车站看上去像一座美术宫殿，而巴黎美术学院则像一座火车站，现在还有时间，我建议拉鲁（火车站建筑师）把它们交换一下。"①

但奥赛火车站的规划明显没有预见性，后来因设计先天不足在1939年被废弃了（其实现在巴黎的火车站内的火车还是太多了）。

1970年，这里差点成为拥有850间客房的高级饭店，在巴黎市民上街抗议与总统德斯坦的建议下，政府才决定将它改建成博物馆。

Ⅲ

如果是抱着到此一游的心态，就直接去五楼看几幅印象派杰作，足矣；否则，还得从一楼开始，沿着大致的历史顺序来观赏。

① [德] 彼得·J.加特纳：《艺术与建筑：奥赛博物馆》，刘鑫译，中国铁道出版社2011年版，第13页。

奥赛博物馆收藏的绘画和雕塑基本上是法国艺术家的作品，我们应该循着19世纪的法国绘画来欣赏。我在《浪漫巴黎——七探卢浮宫》中已经介绍过法国19世纪的安格尔、德拉克洛瓦、夏赛里奥和柯罗四位大师，他们的作品相较于卢浮宫中的来说，虽然数量少，缺乏代表性，但还是各有杰作的。

1832年，欧仁·德拉克洛瓦的北非之游为他带来了无数东方绘画题材的灵感。奥赛博物馆的《猎狮图》是画家为1855年在巴黎举办的世博会展出的一幅大画的油彩草图，可惜那幅画已在大火中焚毁。“这幅色彩绚烂的草图展示出德拉克洛瓦独特的破碎笔法，自由表达的元素增加了戏剧效果，十分引人注目。狮子的形状、人物形象以及马匹从漩涡般的色彩中逐步显现，它

《猎狮图》，欧仁·德拉克洛瓦，1854年，奥赛博物馆藏

们形成了一个三角形。位于顶点的是翻腾的马匹和骑在它身上的人，人的身体已经滑向一边。左右两边是打斗中的狮子，画面最前方是急切希望能够脱离这可怕路途的羸弱的马和骑士的图像。这幅画展现了德拉克洛瓦对暴力和疯狂的爱好。”①

对我而言，这幅画就是色彩的舞蹈，重点并不是狮子、人和马。

Ⅳ

继安格尔在19世纪40年代创作了《主持的圣母玛利亚》和《海中升起的维纳斯》之后，到了19世纪50年代，他又画了变体的《主持的圣母》和《泉》，后两幅画都收藏在奥赛博物馆。

《主持的圣母》选择的主题在艺术史上并无先例：圣母玛利亚面对大酒杯祈祷，酒杯上神奇地漂浮着竖立的圣饼。安格尔在构思这幅画的时候仿效了拜占庭圣像平面刚硬的风格，他一改往日画作中常见的阴沉色调，在处理圣母的衣服时使用了鲜艳的红色和蓝色，而且让圣母的肌肤焕发光彩。但当时人们对圣母的表情提出争议，有人认为她的表情过于倨傲，甚至有些轻浮：比起祈祷，她似乎更像是在摆造型，或是展示自己的美。

《主持的圣母》，安格尔，1854 年，奥赛博物馆藏

① [德] 彼得·J.加特纳：《艺术与建筑：奥赛博物馆》，刘鑫译，中国铁道出版社2011年版，第63页。

《泉》，安格尔，1856年，奥赛博物馆藏

比起安格尔的其他杰作，这幅《泉》在今天的评价不高，但19世纪的批评家戈蒂耶对其的评价是："昨天她还是个孩子，今天就长成了少女。但是，在她纯洁、童贞、无性（如果我们能用这个词形容的话）的身体上，我们还看不到一丁点成熟女性的影子。她的胸脯是如此小巧，像尚未绽开的花蕾，乳头点缀着一抹粉色的光晕，这样一朵花蕾根本不会让人产生淫欲。躯干的其他部分同样贞洁，大理石般白色的身体如同身披素雅的短袍，眼前仿佛不是真实的器官，而是理想的体现。纯真、青春、清新、靓丽——童贞的生命，纯洁无瑕的完美状态——如同帕罗斯岛大理石的悸动与羞涩！"①

泰奥多尔·夏赛里奥的《温泉浴场》"描绘的可以说是一处内宫场景，或者是来自古希腊罗马的一个潜在印象，但此作亦不仅如此，除了人物的具象风格与完整构图外，画面上所有的元素和服饰都是在对考古学的研究后，重现一处位于庞贝古城的温泉浴场，如此精确的刻画让该作品显得出类拔

① [美] 安德鲁·谢尔顿：《安格尔》，庞红蕊、何磊译，北岳文艺出版社2017年版，第206页。

萃。从闺房场景的主题延伸出多样、多重的变化，完全保留了西方裸女的性感与情欲，俨然成为另一个新主题，颠覆了绘画在原本的古典主题上应该保有的高尚”[①]。

《温泉浴场》，泰奥多尔·夏赛里奥，1853年，奥赛博物馆藏

V

柯罗的《早晨（仙女之舞）》是其典型的画风，色彩绿茵茵的，有些朦胧，浪漫柔美，这是很讨巧的路子，我年轻时刚接触欧洲油画，曾喜欢过他的这种画风。我自己还收藏有柯罗的一幅素描。

《艺术与建筑：奥赛博物馆》中还列举了柯罗的另一幅作品《阿拉斯的磨坊》，我也很喜欢它。作者加特纳提醒我们注意柯罗与印象派画家存在着

① 李依依编译：《世界名画家全集：夏赛里奥》，艺术家出版社2014年版，第118－121页。

《早晨（仙女之舞）》，柯罗，1850 年，奥赛博物馆藏

《阿拉斯的磨坊》，柯罗，1874 年，奥赛博物馆藏

一个本质上的区别：

> 画面的后方，也就是水流以及最后面的建筑围墙，描绘了不同于前景区域中的光线，甚至是不同的温度。柯罗的风景画反映出对于世界的二元观点，将近处和远方作为两个不同的世界。与之不同的是，印象派画家持有的是一元论的艺术方式（换句话说，精神和物质来自同一种基本元素），对他们而言，光就是统率一切的最重要的原则。①

不过，20世纪法国后现代主义者福柯就认为印象派奠基人爱德华·马奈的名作《草地上的午餐》有两个光照系统，它们相互重叠，在景深上重叠。

Ⅵ

接下来的居斯塔夫·库尔贝也是奥赛博物馆不可忽略的大师，他的几幅巨大的作品都在博物馆一楼尽头的大型展厅内。

库尔贝经常被归为现实主义画家，其实可以说他是19世纪的毕加索吧。

库尔贝先于马奈制造了轰动一时的艺术“丑闻”，与马奈不同的是，他在1849年的巴黎沙龙上功成名就，赢得了绘画大师的称号，然后衣锦还乡。他创作的《奥尔南的葬礼》，描绘了他的家乡为其祖父举行葬礼的场景。

库尔贝将纷至沓来的民众绘入画中，结果47个形象挤满了画面。画面中间是市长泰斯特，稍稍偏左的是神父博内，地方执政官普鲁东站在市长的左边，举着十字架的科鲁达梅是一位农场主；市镇公证员、律师冯莱紧挨他的兄弟托尼；一位扶灵柩者屈埃诺和库尔贝的父亲一起站在不远处；小农场主

① [德] 彼得·J.加特纳：《艺术与建筑：奥赛博物馆》，刘鑫译，中国铁道出版社2011年版，第81页。

卡萨尔则扮演了掘墓人的角色。

库尔贝不打底稿，如真人大小般的人物形象直接绘在画布上，他的绘画方式更像是壁画家而非历史画家。画面中，天主教葬礼的主角为侧面形象，头微微低着，穿着葬礼专用的黑白相间的法衣。在这个巨大的、受德国古典大师荷尔拜因创作手法的启发而绘制的神父肖像后面，有一位与意大利文艺复兴肖像非常接近的助理牧师的形象：他的面庞轮廓分明，展现了四分之三侧面，高高举着耶稣受难像，十字架的圣迹直插云霄。

塞戈莱纳·莱·梅恩在《库尔贝》中继续分析道：

《奥尔南的葬礼》，居斯塔夫·库尔贝，1849—1850年，奥赛博物馆藏

这些年龄、背景各异的男男女女，代表着各人的社会身份，不仅表现了每个成员都熟悉的小镇社会，也表现了整个国家与社会的微观世界。为了实现这种效果，库尔贝将肖像创作为一种类型，那个时期全景式文学的插图中常常出现这种类型，通过“从头到脚”检阅社会的所有组成部分，将不同的视觉与文学传统融合在一起，达到一种清晰的、可编纂成典的图景。[1]

但在当时，沙龙批评家无法接受《奥尔南的葬礼》，他们认为这只是一场丑陋者的“狂欢”而已。

《奥尔南的葬礼》局部

① [法] 塞戈莱纳·莱·梅恩：《库尔贝》，周渝、袁欣译，北京美术摄影出版社2016年版，第148页。

Ⅶ

《奥尔南的葬礼》描绘的是“外省生活场景”，1855年展出的姐妹篇《画家的画室》则是“巴黎生活场景”与“私人生活场景”。“场景发生在我巴黎的画室中，作品被分为两个部分，我在中间；右边是股东们，也就是艺术界的朋友、艺术家与爱好者；左边则是琐碎生活的世界，不幸的人：穷人、富人、被剥削者与剥削者，以死为生的人。”①

肯尼斯·克拉克在《裸体艺术》中认为《画家的画室》是库尔贝一生中最复杂也是最成功的作品。整幅作品结构恢宏、色彩丰富、颜色层次和谐，质感表达和人物刻画都极为成功。

像17世纪伟大的意大利艺术家卡拉瓦乔以来所有革命的现实主义者一样，库尔贝远比他自己所承认的更依赖于传统，他画的裸像经常和实物写生差不多，当他想要给它们加上一些艺术光泽时，结果往往像最庸俗的沙龙中的宠物那般做作，如《女人和鹦鹉》，他的作品明显沉浸在对结实模特的偏爱中。

库尔贝是裸体艺术史上的英雄人物，他的现实主义在语言表达上是贫乏的，但在用颜色表达上却是杰出的。如果说现实是以人“可触摸”为标准的话，库尔贝绝对是头号现实主义者，他要抓、要敲、要压或要吃的冲动是如此强烈，以至于表现在画家的每一笔中，他的眼光抓住了女性的身体，其欲望与抓住一头鹿、一个苹果或一条巨大的鲑鱼相仿，这种冲动的肉欲有一种动物般的气势。库尔贝在他的作品中轻松且不带一丝蔑视地征服了羞耻感，20世纪的英国文学家劳伦斯在他的散文中也追求着这样的征服感。结实、沉重的肉体看上去确实比优雅的形象更现实、更持久，那幅巨大的《画家的画室》比法国洛可可艺术大师布歇的《浴后的戴安娜》更具有代表性，那个在他的

① [法] 塞戈莱纳·莱·梅恩：《库尔贝》，周渝、袁欣译，北京美术摄影出版社2016年版，第201页。

梦境中央、站在他身边的女人，尽管她只是人体写生课上的裸体模特。

展厅内，库尔贝的另一幅大画《猎杀牡鹿之死》一反画家以往画风的晦暗，显得明朗清亮。“图中的猎人，那头躺在地上吼叫的牡鹿，它的征服者和驯鹿人在广阔的雪地上挥舞着鞭子，划破长空。当画家的想象力将这些轨迹融合的瞬间，形成了一道蜿蜒的曲线，恰好与鹿角的枝丫相互呼应……库尔贝此时画的是一幅巨大的摄影式记忆画，画中的狩猎场景变成噩梦般的境地，一种动物的激情变调，一种垂死挣扎的预兆。作为驯兽师和征服者与作为受害者和受死的动物之间的对抗，让整个暴力现场呈现出强烈的死亡驱动。”①

《猎杀牡鹿之死》，居斯塔夫·库尔贝，1867年，奥赛博物馆藏

① [法] 塞戈莱纳·莱·梅恩：《库尔贝》，周渝、袁欣译，北京美术摄影出版社2016年版，第288－291页。

《画家的画室》，居斯塔夫·库尔贝，1854—1855 年，奥赛博物馆藏

《共和主义的油画草图》，奥诺雷・杜米埃，1848 年，奥赛博物馆藏

Ⅷ

与库尔贝同时代的现实主义画家奥诺雷·杜米埃（Honoré Daumier，1808—1879年）的作品未必讨今人的喜欢，但在画史上是有其地位的。

1848年3月18日，法国共和政府发起了绘画、雕塑的三联展，并评选“共和国代表人物”奖章，将其作为一种宣传手段向艺术家提出问题，这些问题涉及艺术和政治之间的关系、寓言的形象化语言及其女性化表现之间的关系。

有将近700位候选人对此作了回应。作为共和主义者的杜米埃以匿名的方式递交了现存于奥赛博物馆的《共和主义的油画草图》，这是他首次公开展出的作品。当时有人提议竞赛的象征性作品主题为“共和国滋养并教育了她的孩子”，这个主题将共和政体寓言的观念与普及教育以及孩子们友好平等地相处联系在一起。杜米埃以不朽的共和政体为宗旨出色地回应了这一主题，以共同的母亲、坚强的女性作为仁慈的化身，犹如所有的教育家与供养者那样登上宝座。①

Ⅸ

《拾穗》是巴比松画派的领军人物让-弗朗索瓦·米勒（Jean-François Millet，1814—1875年）的成名作，但2017年夏，我在奥赛博物馆没有见到，因为它去中国台北故宫博物院参加“奥赛美术馆30周年大展”，直至2018年冬我才有幸欣赏到。

《圣经·路得记》说到古希伯来人的风俗，富有者在收割麦子的时候不能拒绝贫困者、孤儿和寡妇到田里拾麦穗，这里有救济的意思。后来法国的农村继承了这一传统。

① [法] 塞戈莱纳·莱·梅恩：《库尔贝》，周渝、袁欣译，北京美术摄影出版社2016年版，第111页。

《拾穗》，让－弗朗索瓦·米勒，1857 年，奥赛博物馆藏

《晚钟》，让－弗朗索瓦·米勒，1857—1859 年，奥赛博物馆藏

另一幅《晚钟》也是米勒的代表作。米勒告诉亲友，这是“晚祷的钟声”。空旷田野上的这对农人听到村里的教堂钟声，立即停止工作，放下锄头、篮子，男的脱下帽子，女的双手合十在胸前，虔诚地低头祈祷。

这是一幅宗教气氛甚浓的作品。由于受现实主义风格的影响，米勒和库尔贝都是那个封闭的时代中难得的被人推崇的画家，但当时人们一定故意忽略了这幅画的宗教含义。

米勒的《牧羊女》的背景是巴黎郊外枫丹白露森林旁的巴比松村外的平原，这幅画充满了诗意。

《牧羊女》，让－弗朗索瓦·米勒，约 1863 年，奥赛博物馆藏

X

1563年，有史以来欧洲第一所艺术学院——佛罗伦萨艺术学院在大公爵科西莫·德·美第奇的支持下创办。最具影响力的法国皇家绘画与雕塑学院成立于1648年，财政大臣科尔伯特将法国学院的传统体制塑造为其控制经济生活和精神生活的工具。

当代美术史家马丁·坎普在《牛津西方艺术史》中认为，“艺术学院的形成标志着一种改变，它为提高艺术学院的成员们的社会威望、拓展其知识见闻、激发他们的艺术灵感和想象力做出了贡献。人们常常认为画家和雕塑家需要经过漫长的学习，在材料、讲授方式和创作主题受到严格控制的环境下，每位艺术家在创作每一件作品时都要受到合约的束缚”。

奥赛博物馆拥有19世纪下半叶多位重要的法国学院派画家的作品，最显眼的莫过于亚历山大·卡巴内尔（Alexandre Cabanel，1823—1889年）的《维纳斯的诞生》。

《维纳斯的诞生》，亚历山大·卡巴内尔，1863 年，奥赛博物馆藏

19世纪60年代，法国妇女的现实生活与艺术形象之间呈现出明显的反差，现实中的女性被包裹得严严实实，即使被人看到自己的脚踝，她们也会惊慌失措。但在艺术界，许多画家都以神话为由画了大量的裸体画，其中最多的是维纳斯。有人嘲笑1863年的巴黎沙龙展是“维纳斯的沙龙”，“为脱而脱，几乎快被裸女包围了”，卡巴内尔也是当年入选沙龙展的画家之一。

这幅画被皇帝拿破仑三世看中，买了下来，卡巴内尔也确立了其沙龙画家的地位。

我很喜欢卡巴内尔的另一幅大型油画《保罗和弗朗西斯卡》。

“保罗和弗朗西斯卡”是但丁《神曲·地狱篇》中的故事。弗朗西斯卡是个大美人，却嫁给了阴险毒辣、丑陋的残疾人马特拉斯塔。马特拉斯塔的

《保罗和弗朗西斯卡》，亚历山大·卡巴内尔，1870 年，奥赛博物馆藏

弟弟保罗英俊多情，有一次，弗朗西斯卡与保罗两人在看浪漫书籍时意乱情迷，终于情不自禁。躲在幕后看他们偷情的马特拉斯塔从窗帘后走出，一剑把他们杀了。

19世纪的法国画家阿里·谢弗（Ary Scheffer，1795—1858年）的《弗朗西斯卡和保罗的影子向但丁和维吉尔显现》现收藏在卢浮宫，也是杰作。赤裸的情人拥抱在空中，很是浪漫。安格尔也画过这个题材，创作于1819年的《保罗和弗朗西斯卡》中的保罗欲火中烧，急着亲吻情人，弗朗西斯卡手中的书籍跌落下来，一脸幸福，这时马特拉斯塔拿着剑从幕后走出来。安格尔笔下保罗的形象因愤怒而变形扭曲，显得很滑稽，有些漫画化。

《弗朗西斯卡和保罗的影子向但丁和维吉尔显现》，阿里·谢弗，1855 年，卢浮宫藏

卡巴内尔的画与他们都不同，描绘的是情侣倒在血泊中，右上角的哥哥马特拉斯塔拿着剑正在冷血地看着他们。卡巴内尔没有渲染血腥的场面，只有仔细看才能发现鲜血流淌在保罗红色的衣襟上，弗朗西斯卡黄色的衣服上有一点血迹，大部分被她的手遮盖了。画面不动声色却悲剧感十足，这是古典艺术的最高境界。

XI

奥赛博物馆的《斗鸡》是让－莱昂·杰罗姆（Jean-Léon Gérôme，1824—1904年）的沙龙获奖作品，画家不到25岁就因此成名，他是安格尔和德拉克洛瓦的学生，因游历意大利而获得此灵感，画的标题全文应是《古希腊青年斗鸡》。"画作描绘了一对似是恋人的男女青年沐浴在温和明朗的南国阳光下，不脱孩子气地玩耍斗鸡游戏，公鸡艳丽的禽羽与偾张的斗姿对照着男子

《斗鸡》，让－莱昂·杰罗姆，1846年，奥赛博物馆藏

《袭扰》，威廉·阿道夫·布格罗，1898 年，奥赛博物馆藏

的专注与女子的羞涩，融合成无忧世界的闲情。画家从人物的服饰、发饰、南国的风貌与植物、建筑的样式、装饰的纹理以及雕刻的样貌综合成一个古代希腊世界，考古上纵有出入，也无伤大雅地流露出唯美风格，成为新一代风潮的典型。”①

威廉·阿道夫·布格罗（William Adolphe Bougureau，1825—1905年）在73岁时创作了《袭扰》。“画中女子收到情人的来信，在镇定的外表下，内心起伏。她双眼凝视远方，仿佛被许多围绕在身旁的小爱神左右袭扰，画家将爱恋中的女子内在的骚动与起伏的心境隐藏在收敛的仪态和静默的表情中，以比喻的手法把‘爱’具体塑造成各式各样的形态。捉弄着情侣的小爱神们顽皮地逗弄、窥视和撩拨，虽然并未摇动女孩的身躯，但在轻扯她的衣衫时形成了微妙的骚扰。画家描绘逼真而仿佛隔着轻雾的唯美风格，深受第二帝国之后的精英阶层与大众的喜爱。”②

《地狱里的但丁和维吉尔》，威廉·阿道夫·布格罗，1850年，奥赛博物馆藏

其实，布格罗在25岁时的成功之作《地狱里的但丁和维吉尔》描绘的画面更有想象力，也更有冲击力。

① 郑治桂等：《印象·左岸：奥赛美术馆30周年大展导览手册》，（中国台湾）典藏艺术家出版2017年版，第33页。

② 郑治桂等：《印象·左岸：奥赛美术馆30周年大展导览手册》，（中国台湾）典藏艺术家出版2017年版，第35页。

XII

奥赛博物馆一楼中央走廊旁还有一幅巨大的托马斯·库图尔（Thomas Couture，1815—1879年）的《堕落的罗马人》。这幅画在1847年的沙龙展上轰动全场，政府立即用惊人的12000法郎的高价购买下来奖励画家。画面被古代罗马的建筑物与雕刻所烘托，大厅里满是俊男倩女，营造出醉生梦死的颓废场面。毁灭西罗马帝国的日耳曼士兵出现在画作右方，这也是对当时的七月王朝的批判——即将被1848年的革命摧毁并走向灭亡。

如果当时的政府有此预感，不会马上收购吧。或许，这只是后人的揣摩而已？

《堕落的罗马人》，托马斯·库图尔，1847 年，奥赛博物馆藏

XIII

一楼中央走廊上的19世纪下半叶的雕塑作品，明显弱于卢浮宫内18和19世纪上半叶的展品。

但其中也有突破和变化。马丁·坎普主编的《牛津西方艺术史》就认为，在19世纪早期，意大利雕塑家安东尼奥·卡诺瓦（详见拙作《浪漫巴黎——七探卢浮宫》）创作的大理石裸体雕像，经过仔细的润色和打磨，意在迎合鉴赏家的品位。因此，这些雕塑是具有新古典主义风格的理想主义雕塑。不言而喻，观赏这些作品难免会令人感到刺激，于是雕塑家开始寻求能更自然表达人体的方法，放弃新古典主义注重外表的特点，转而创作更符合写实主义的人体雕塑。

让-巴蒂斯特·克雷辛格（Jean-Baptiste Clésinger，1814—1883年）的充满情色意味的《被蛇咬的女人》就是显著的例子，这件雕塑是以妓女萨巴迪埃（她与雕塑家和主顾莫塞尔曼之间的亲密关系已众所周知）为模特，形象撩人，很难说蛇的咬噬给她带来的是痛苦还是快感。

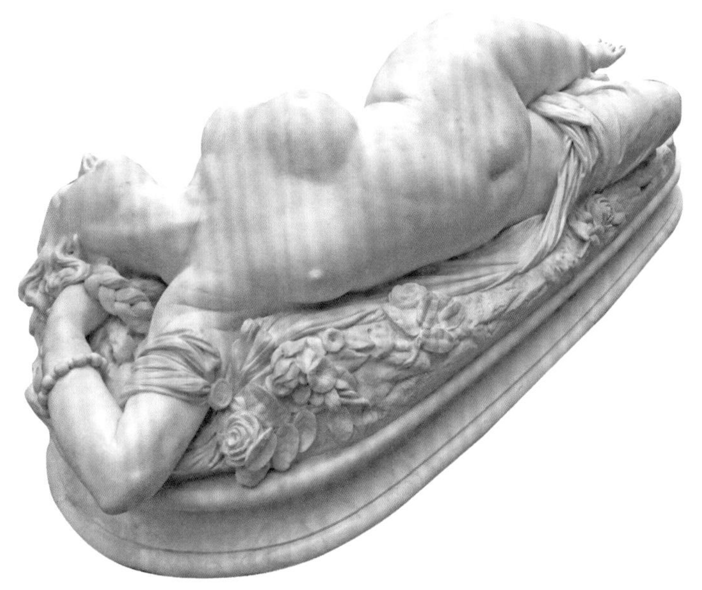

《被蛇咬的女人》，让-巴蒂斯特·克雷辛格，1847年，奥赛博物馆藏

这件雕塑作品在1847年的巴黎沙龙中展出，引发了评论界的争议。戈蒂埃等著名批评家对雕塑放纵的姿态和逼真的形体赞叹不已，但另一些更保守的评论家则觉得它过于粗俗和写实，精心雕刻的石雕光滑而富有肉感，让人不禁想去触摸。

还有一些证据显示，克雷辛格曾经给这件《被蛇咬的女人》雕像身下的花朵涂上了色彩，显示了当时的雕塑家对色彩的兴趣在不断增加。

XIV

奥赛博物馆中还有一位值得关注的雕塑家让－巴蒂斯特·卡尔波（Jean-Baptiste Carpeaux，1827—1875年）。1867年新巴黎歌剧院委托他创作的四座大理石石雕《舞蹈》，雕塑被安置在歌剧院的正面，每座雕塑都代表着歌剧的某个组成部分。现在展示的石膏模型，直立的有翼男子象征着舞蹈，如同代表性爱的五朔节花柱；周围充斥着欢喜雀跃、身材匀称且满怀虔诚的酒神女祭司；萨梯尔潜伏在舞蹈的斗篷下面，强调这场仪式化舞蹈所带有的放荡意味。

H.W.詹森在其作品《詹森艺术史》中写道，当《舞蹈》在1869年揭幕时，批评家给其当头棒喝，宣称其中的人物粗俗、迷醉。卡尔波的自然主义手法是让舞者裸露，但并不是裸体，将舞者身上关节、膝盖的肌理处理得清晰可见，而新古典主义雕塑家安东尼奥·卡诺瓦则倾向于将这些细节表现得完美、平滑。虽然《舞蹈》中的人物看似出自古典的传统形象，但并不像希腊人或罗马人，而是类似第二帝国的国民。

当时一位参观者甚至拿一瓶墨水泼向这些亵渎神灵的人物雕塑，直到一年之后，人们才逐渐适应了卡尔波的自然主义创作手法，这件当初“过分色情”的作品也成了遵循古典传统的杰作，好评如潮。

在奥赛博物馆一楼的走廊上，卡尔波还有一件青铜雕塑《乌戈利诺和他的孩子们》，刻画的是但丁的《神曲》中的一个故事：13世纪的暴君乌戈利诺和他的儿孙被敌人关在监狱里，被判处饿死在地牢，结果他在死前吃掉了自己的孩子们。

“卡尔波为他的雕塑选择了金字塔式的结构，这与但丁的原文一致，描绘了绝望的乌戈利诺，周围是他惊恐万分且疲惫将死的儿孙们。他那扭曲的面容和几近疯狂的眼神给人以一种逼真甚至触手可及的感觉，在此悲剧中主人公充

《舞蹈》，让－巴蒂斯特·卡尔波，1869 年，奥赛博物馆藏

《乌戈利诺和他的孩子们》，让-巴蒂斯特·卡尔波，1862 年，奥赛博物馆藏

奥赛博物馆一楼中央走廊雕塑

满了孤独、痛苦的愤怒，尽管他与家人近在咫尺。人物的自然和精雕细刻以及对老年和少年相貌的对比刻画，让这组人物充满了现实的震撼力。”[①]

XV

H.W.詹森认为罗莎·博纳尔（Rosa Bonheur，1822—1899年）是19世纪50年代初巴黎沙龙的杰出女画家。博纳尔并不绘制那些传统意义上的小幅精物画和水彩画，而是选择创作动物题材的大幅作品，但她并不以德拉克洛瓦和巴里的浪漫主义世界中那些异域生物为主题，而是描绘包括牛、羊、马在内的家畜。受到自然历史学科的经验主义科学观的影响，博纳尔会仔细研究自己的题材，并力争精确描绘，通常在细节上刻画入微。

1848年，新生的法国第二共和国想要记录外省的农业状况，委托博纳尔创作一幅大型油画。在1850年的沙龙上，她展示了这幅宽达2.6米的《尼韦尔耕作：为葡萄园施肥》，画作主题的灵感来自法国19世纪的女作家乔治·桑的小说《魔沼》，提倡回归自然，返回单纯的“原始”世界。

为了创作这幅画，女画家在法国中部的乡村尼韦尔生活了几个星期，研究这里的土地、动物、农具和地方服饰的独特之处。

博纳尔的作品与米勒的《拾穗》不同，实事求是而不动情感；与库尔贝的《奥尔南的葬礼》也有显著的区别，她剔除了乡村生活中的不雅之处。我们或许可以看出尼韦尔牛群体形的高大笨重，但是感觉不到牲畜的气味。这里没有劳动的汗水，没有土地的气息，尽管所有这些都出现在画面之中。博纳尔所做的只是记录并呈现牛群庞大的规模与游行式的排列，甚至赋予画面庄严之感。

① [德] 彼得·J.加特纳：《艺术与建筑：奥赛博物馆》，刘鑫译，中国铁道出版社2011年版，第41页。

《尼韦尔耕作：为葡萄园施肥》，罗莎·博纳尔，1849 年，奥赛博物馆藏

XVI

几年前，我们偶然获得一幅19世纪的法国沙滩风景画，前景有时髦的女子撑伞坐着，后面有人在沙滩上漫步，背景是大海与船，极具印象派风格。画作没有签名，但我们觉得作品质量不错，也就收藏了。谁知不久后巴黎画廊告诉我们，这是尤金·布丹的作品。

我当时只知道布丹曾是大名鼎鼎的印象派大家莫奈的老师，因为有了布丹的画，我开始格外注意他的作品，不仅看画册，也看真迹。布丹的作品在欧洲美术馆经常出现，虽然不那么引人瞩目，但一般总有一两幅。后来我几乎可以不看作品旁边的标签，就知道是布丹的。

前几年一家巴黎画廊老板说布丹的画日益受到重视，我看到奥赛的展品中至少有三幅布丹的作品，一幅是挂在五楼的印象画派精品，还有两幅在一楼与马奈、莫奈的作品在一起，这样看来，布丹应该是一位比较重要的画家。我在这里就多花些笔墨介绍布丹。

布丹常被视作巴比松画派和印象派之间相互联系的桥梁。过去，人们认为比起印象派运动，他离巴比松画派更近一些，但如果看他的一些作品，他的画风其实已经显示出印象派的风格了。

布丹很晚才开始学绘画，而且他学得也比较慢。布丹不喜欢一直待在工作室里，他喜欢与柯罗等大师一起四处搜集素材，尤爱写生。布丹不墨守成规，独立地发展出了自己的绘画风格，坚持了14年之久。在此期间，布丹的心中也充满了疑虑和犹豫："沮丧的一年结束了"，他在1854年12月31日的日记中如是写道。5年后他的朋友库尔贝为他排除了心中的疑虑，自那以后，虽然布丹遇到过财务问题，遭受过负面批评，但他却显得更为从容不迫，坚守着自己的初心。

顺便一提，库尔贝后来成名的海景画就是追随布丹的成果，他和柯罗都称布丹是"天空之王"。

XVII

1863年，布丹首次创作了一批具有革命性的画作——沙滩景致，同年莫奈的《草地上的午餐》引起了广泛的争议。自此以后，尽管布丹本人并不认为自己是印象派画家，但他仍然走上了与印象派协同发展的道路，并参加了他们的首届画展。后来印象派有所分裂，但布丹对此漠不关心，仍然走忠于自然的道路。

布丹出生在港口翁佛勒，父亲是一名水手，这可能就是他如此熟悉海洋的原因之一。1835年，布丹全家跨过河湾，来到蒸蒸日上的勒阿弗尔定居，他们与翁佛勒之间的纽带却从未剪断。布丹的父母很快就开始了他们在轮船上的工作，他和父母往返于两个城镇之间。

《海滩上》，尤金·布丹，1863年，玛摩丹－莫奈美术馆藏

《海滩上穿蓬裙的仕女》，尤金·布丹，1863年，玛摩丹－莫奈美术馆藏

布丹生活的环境对他产生了深刻而持久的影响。他在勒阿弗尔有一栋住宅，位于大码头上，旁边就是港口。就船只吞吐量而言，当时的勒阿弗尔仅次于马赛，以蓬勃向上之姿向全世界敞开它的怀抱。

布丹与之前浪漫主义画家浮光掠影般地描绘诺曼底区域不同，他对游客非常喜爱的诺曼底传统风貌也毫不在意——例如茅草屋顶、苹果树、悬崖以及传统服饰，他只是用细腻的笔触真实地描绘出当时的景致，因此人们才能感受到他画中的愉悦感。由于这些画作不具有逸事描述的特点，因此这些特定场景营造出的情绪才会感染我们。

布丹以全新的眼光和原始的方式观察着一切，他面临着两个选择，要么选择当时颇受重视的成熟技法，要么直接按印象作画，他选择了后者。

布丹绘制的景物给人以转瞬即逝之感，仿若瞬息之间静止了一般。他的画法似乎有些仓促，好像生怕景物会从面前消失一样，尽管画面看起来有些粗糙，但氛围的营造才是重中之重。画中的笔画痕迹凸显出风的模样，勒阿弗尔等地的阳光受到了浪花的浸染，因此画中的色彩会脱离物体的轮廓线。细小的水滴宛如六棱镜一般停留在空中，甚至是在细微的色彩中，我们也能看到各种各样的颜色。布丹绘制的部分作品中，沙滩和田野沐浴在阳光之中，更是强化了这一印象。沙粒、天空、海洋和草地频繁地出现在画中，这些景象不过是在反射印象而已，画面里点缀有城中的游客和成群结队的动物，真是色彩缤纷，生气勃勃。

布丹热衷于描绘优雅的女子和温顺的奶牛。虽然布丹在装饰女子和奶牛时取材不同，但在阳光下都会闪烁出同样的光彩。他笔下的海洋丝毫不似现实中那样连绵不断和波浪涌动，而是像一颗闪烁的珍珠，恍若镜子般映照出万事万物，澄澈的天空看起来是那么无边无际。

XVIII

布丹的作品中有300多件是描绘沙滩海景的，有些沙滩场景中，人物的出现只是为了赋予风景以生气，赋予空间以维度感，前辈画家常常采用这种手法。卢浮宫收藏的《沙滩上的时髦女子》的背景中小小的人物宛如幽灵，让人不由地想起威尼斯18世纪的风景画家瓜尔迪的作品。布丹曾在卢浮宫研究过瓜尔迪的作品，但布丹加入了一些写实风格的元素以及当时非常具有代表性的沙滩场景：比如将女更衣室拖上沙滩的马匹或是正在启航的小船。狗常常出现在布丹的作品中，它们的姿势分外逼真，超越了纯粹的描绘范畴。前景处有两位女子，风吹皱了她们的外衣。事实上，女士们并非画作的主题，虽然她们也是整体风景的一部分，天空才是这幅画真正的主题，占据了四分之三的空间。布丹运用了厚涂法并且留下了明显的画笔痕迹，他用最合理的

《沙滩上的时髦女子》，尤金·布丹，1863年，卢浮宫藏

方式描绘出暴风雨中的天空。当时，社会主流偏好流畅、精心布局的作品，而布丹的技法与当时的主流旨趣截然相反，这可以从某种程度上解释为什么布丹没像同辈人那样在当时获得巨大的成功。

XIX

尽管布丹非常熟悉荷兰的经典绘画大师，但直到1876年，他才来到荷兰。自此以后，他常常在席凡宁根、鹿特丹以及多德雷赫特工作，他的工作地点位于默兹河岸附近，奥赛博物馆的《鹿特丹的默兹河》描述的正是上述场景。这幅画在1881年的沙龙上展出并获得三等奖，由于允许三等奖得奖者今后不必将作品送予挑剔的评审团进行审核，该奖项也被称为入门者奖项。当时布丹已经55岁了，参加沙龙展长达22年之久，所以有人说他早就该拿到这个奖项了。

1893年初春，布丹动身前往法国南部的安蒂布，在这里他意识到了光线的特殊性，之后用色愈加偏浅，更偏澄澈，色彩也愈加明亮。奥赛博物馆的《昂蒂布港》构图赏心悦目，主要呈水平结构，冷暖色调平衡地交织在一起，呈现出宁静安谧之感。天空刻画得非常精美，堡垒和背景云彩似乎在放射着光芒，连阴影部分看起来也是亮堂堂的。前景中赭色岩石和城镇屋顶之间交相呼应，平静的大海和远处薄雾中的群山泛出淡淡的紫色。

布丹在创作生涯末期，健康每况愈下，于是他不得不放弃户外作画。尽管布丹不常描绘变幻莫测的气候，但一旦他拿起画笔，就必然能很好地诠释出力量感。卢浮宫中《气候恶劣的勒阿弗尔码头》的油画素描主要呈灰色，展现出一派阴沉多云的天空，更接近水彩素描画，画面以绿色为主色调，构建出清冷感，白色的浪花、灯塔和云层更是强化了这种感觉。

《鹿特丹的默兹河》，尤金·布丹，1881 年，奥赛博物馆藏

《昂蒂布港》，尤金·布丹，1893 年，奥赛博物馆藏

《从特里斯坦岛望向杜阿尔纳纳海湾》，尤金·布丹，1897 年，卢浮宫藏

《气候恶劣的勒阿弗尔码头》，尤金·布丹，1895 年，卢浮宫藏

1897年春天，布丹最后一次动身前往布列塔尼，此次旅途持续了两个月，布丹很想再看一眼自己30年前曾经到访过的故地。收藏在卢浮宫的《从特里斯坦岛望向杜阿尔纳纳海湾》这部他苦心孤诣绘制的作品中，天空、海洋和地面在夜幕降临时分汇集在一起，这种手法是为了在色彩上营造出光明感。

XX

1859年，作为布丹的同辈人、法国伟大的诗人和评论家波德莱尔发表评论："最近，我在布丹先生的画室里观摩——上百幅色粉画都是对大海和天空的即兴创作，非常忠实地模仿了海浪和云朵，并将其写生的时间、地点和风向留在画纸的边沿。例如，'10月8日，正午，西北风'。如果你这时正好有闲暇去欣赏天气的美丽，就可以通过回忆验证布丹精确的观察。"波德莱尔曾担任过水手，因此他对云的表现方式非常敏感。天空可以激发人的想象力，波德莱尔本人也喜欢常常目视天空。

1858年布丹在勒阿弗尔教莫奈写生，他说服莫奈并和他分享自己的见解。布丹教了莫奈很多，莫奈受益匪浅。

在莫奈的晚年，1920年5月8日他写信给朋友：

"我确实在大约15岁时在勒阿弗尔见过布丹，我的前辈。当时我作为一名讽刺漫画家正奋力想赢得一些名声……我经常向布丹展示自己的作品，刚开始我不喜欢他的作品，因为我被脱离实际的理论影响了。直到有一天，布丹告诉我：'你很有天赋，一定会放弃这种迟早会让你厌倦的作品的。你的素描很棒，你不会让它一直是现在这个样子的，做和我一样的事，学着去很好地描绘，学着欣赏海洋、光线、蓝色的天空。'我接受了他的建议，我们进行长时间的远足，在那期间我不断地描绘自然，我开始了解自然，学着去爱自然，开始对布丹的高调油画感兴趣。他从大师戎金德那里接受了一些训练，他的作品（尤其是水彩）和柯罗的作品最先被定义为印象主义。我之前说过，现在只能重复以前的话，我将我的一切归功于布丹，将我的成功归功于他。我迷上了他的习作，我将其称为瞬间性的产物。”①

① [法] 莫奈：《莫奈艺术书简》，张恒译，金城出版社2012年版，第322页。

第二章

奥赛博物馆（二）

马奈拉开了印象派的序幕，接下来就是我们熟知的莫奈、雷诺阿、德加、塞尚、卡米耶·毕沙罗、阿尔弗莱德·西斯莱等。印象派因莫奈的作品而得名，同时莫奈也是印象派画家中活得最久、创作题材最丰富的，睡莲、谷仓、池塘、教堂……他的视野很开阔。

I

奥赛博物馆一楼的展厅中也陈列着爱德华·马奈的《奥林匹亚》，这幅画在1865年的沙龙展中受到公众的无情嘲讽。

虽然马奈与当时的法国学院派画家都在画裸体，但后者的一个共同点是掩饰事实，他们使用同样的绘画方法——圆形和涂蜡般的表面。他们那些人像似乎只存在于暮霭中的花园里或大理石的浴池中，正是由于人们心悦诚服地接受了这种非现实主义的表现，所以马奈的《奥林匹亚》出现时，他们才感到令人痛苦的冲击。

《裸体艺术》的作者肯尼斯·克拉克继续分析道：

> 《奥林匹亚》呈现的是年轻的卡拉瓦乔的风格以及画家对颜色的敏感度。但单凭这一点不会惹恼艺术爱好者们，他们愤怒的真正原因在于这幅画几乎是文艺复兴以来第一个真实妇女的裸像。马奈的先驱库尔贝的裸女像都是来自职业模特，虽然她们的身体是根据真人画的，但她们通常被置于林中泉边这样传统的环境中。《奥林匹亚》是一个真人的肖像，她吸引人的，但又非常独特的身体是在一个近乎真实的环境中，艺术爱好者们突然发现了他们所熟悉的环境，他们的窘迫是可以理解的。

《奥林匹亚》中的女人的原型是著名的职业模特维多琳·莫朗。马奈在1862年偶遇18岁的莫朗，一眼就认定她是最理想的模特。

莫朗是一个变幻无常、喜欢说谎的女孩，她有时会一连几个月甚至几年不见踪影，后来摇身一变成了画家。讽刺的是，1876年马奈的作品被官方沙龙拒绝了，她的一幅自画像却被选上了，莫朗的作品直到1885年都在那里展

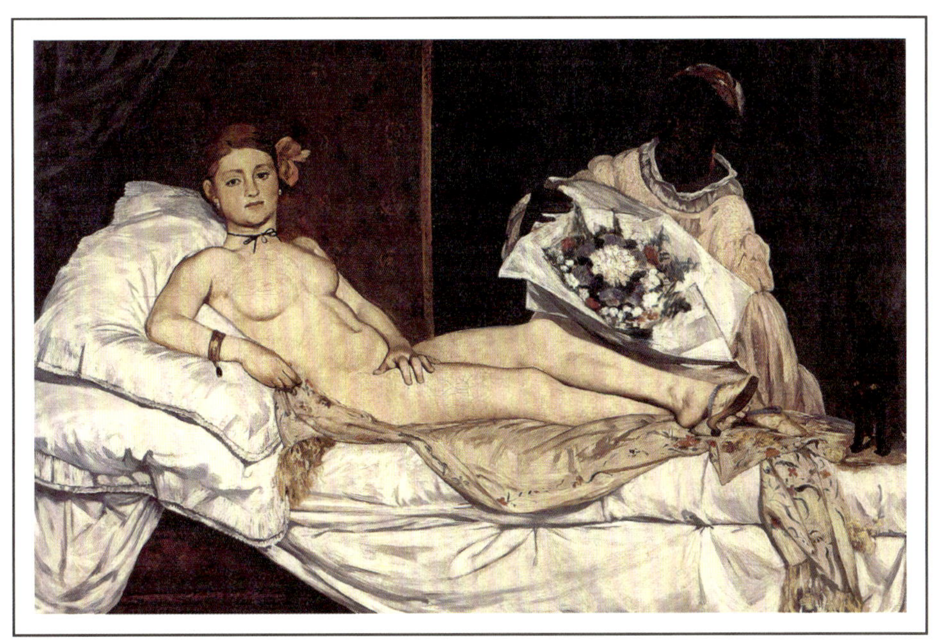

《奥林匹亚》，爱德华·马奈，1863年，奥赛博物馆藏

出。然后她又消失了。人们再次看到她时是在咖啡馆的露天座，她在向顾客兜售自己的素描，且已经堕落为妓女和酒鬼。

另一位英国美术史家 T. J. 克拉克在《现代生活的画像：马奈及其追随者艺术中的巴黎》中对《奥林匹亚》的评论是："画中女子的眼神是挑衅的，身体则好像在验尸房等待检验。"

我的理解是，当时的观众和批评家习惯了学院派如可爱温顺的赫本般的画风，但马奈却给他们带来了放荡诱人的"麦当娜"。

Ⅱ

法国后现代主义哲学家福柯也对《奥林匹亚》发表过评论：

马奈的这幅《奥林匹亚》是一个替代品，一个复制品，或者干脆说是裸体的维纳斯，躺卧的维纳斯，尤其是提香的《维纳斯》等主题的变体。不过，在提香的《维纳斯》中只有一个女人，一个躺卧着的裸体女人，她的周围是帷幔，光线从左侧高处照进来，微微照在女人的身上。如果我没记错的话，光线是照在她的脸上，当然还照在她的乳房和腿上，就像金光抚摸着她的身躯。不管她和我们是否愿意，这里的裸露女人不思、不看，这道光线神秘地抚摸着她，而我们作为观赏者，只能在一旁欣赏这种光线和裸体之间的游戏。

不过在这里，如果马奈的《奥林匹亚》是可见的，那是因为也有一道光线打在她的身上。这道光绝不是柔和、神秘的侧光，而是异常强烈的光，像皮鞭一样抽在她的身上。这道光来自画前的空间，也就是说，这个光源是可以追溯的，是可以由女人身上的光照推测出来的，这个光源在哪儿呢？会不会在我们这里？——是我们的目光投向《奥林匹亚》的裸体，将她照亮。我们对《奥林匹亚》的凝视就像持火炬的人，我们的目光就是光源，《奥林匹亚》中的女人只为我们裸露，因为是我们将她裸露，我们在看她时将她照亮，我们的目光和光照是一回事。在这样一幅画中，任何观者都必然会与这个裸体发生关联，甚至成为主导因素。你们看到，审美转变如何能够在这种情况下引发道德丑闻。①

Ⅲ

奥赛博物馆五楼大厅的中间还放着马奈另一幅引发争议的画作——《草地上的午餐》，模特也是莫朗，这幅画的路数其实与《奥林匹亚》是差不多的。

① [法] 米歇尔·福柯：《马奈的绘画：米歇尔·福柯，一种目光》，谢强、马月译，河南大学出版社2017年版，第48－50页。

《草地上的午餐》，爱德华·马奈，1863 年，奥赛博物馆藏

我前两年在慕尼黑国家博物馆见过马奈画的花，很喜欢。凡·高评论马奈的静物画："那些玫瑰花和绿叶的颜色很厚，并不像油漆一样只有薄薄的一层，画得真好。"①奥赛博物馆的《瓶中牡丹》也是如此。"马奈喜欢画形状不规则的牡丹花，他典型的绘画手法——粗笔画和大面积填色非常适合再现这些花。这些作品简单却极具冲击力，既具有强烈的写实感，又借鉴了一些经典的虚无静物作品，令现代人也为之惊叹。"②

①② [意] 西莫娜·巴托勒纳：《马奈》，王苏娜译，北京时代华文书局2015年版，第54页。

《瓶中牡丹》，爱德华·马奈，1864 年，奥赛博物馆藏

Ⅳ

今天的艺术史家都在强调马奈的现代性，乃至后现代主义的福柯都要分析一下他的画。可是如果仔细看马奈的人物画，我认为他受19世纪西班牙天才画家戈雅的影响极深，当然，他学的不是表层，而是精神。由于马奈的那两幅人物画屡屡成为公众事件，人们过分强调了他的独创性。

撇开《奥林匹亚》和《草地上的午餐》这两幅已经被过分解读的作品，我们来看看奥赛博物馆中马奈的人物画《巴伦西亚的罗拉》《阳台》《手持紫罗兰的摩里索特》《拿扇子的夫人》和《克里孟梭肖像》等，无不与戈雅的画风酷似。马奈有时会加入一些日本元素与巴黎元素，可人物的内涵还是戈雅的。

《拿扇子的夫人》也叫《尼娜·德·卡利亚斯》，“尼娜故意摆出楚楚可怜的姿态，她的眼神和似笑非笑的表情隐约暴露出她的嘲讽和蔑视，刻画出她只希望利用时尚而非成为时尚牺牲品的心理”[①]。

这种透视人物心理却不管人物魅力的手法，以前只在戈雅的画作中集中体现过。

尼娜性格古怪、易激动，还有点歇斯底里，马奈与尼娜经历过连续几周的热恋后，创作了这幅《拿扇子的夫人》。尼娜的丈夫是法国报纸的专栏编辑，他嫉妒得要命，不许马奈展出这幅肖像，后来他们当然离婚了。

《印象派画家的日常生活》的作者克雷斯佩勒觉得马奈对尼娜失去兴趣的原因可能是她的性欲冷淡症。她之所以不断寻找能够使她激动的新伙伴，正是由于她总不能得到快感，因此她的情人多得排成了队，但真正与她维持了一段时间关系的只有两个人。尼娜精神错乱后住进了一家疗养院，最终死

① [意] 西莫娜·巴托勒纳：《马奈》，王苏娜译，北京时代华文书局2015年版，第98页。

《拿扇子的夫人》，爱德华·马奈，1873—1874年，奥赛博物馆藏

《巴伦西亚的罗拉》，爱德华·马奈，1862年，奥赛博物馆藏

《克里孟梭肖像》，爱德华·马奈，1879—1880年，奥赛博物馆藏

在那里。她无法摆脱的恐惧恰恰是她总认为自己已经死了。马奈为画肖像曾送给她一件日本睡衣，人们就用这件睡衣包裹了她的尸体。

V

马奈拉开了印象派的序幕。接下来就是我们熟知的莫奈、雷诺阿、德加、塞尚、卡米耶·毕沙罗（Camille Pissarro，1830—1903年）、阿尔弗莱德·西斯莱（Alfred Sisley，1839—1899年）和居斯塔夫·卡勒波特（Gustave Caillebotte，1848—1894年）等。

印象派因莫奈的作品而得名，同时莫奈也是印象派画家中活得最久、创作题材最丰富的。莫奈绘画的目的就是试图描绘事物的颤动："我要描绘出流动于桥梁间、房屋中及船上的空气，只有空气可以在事物中自由存在，其他任何事物都无法与其相比。"[①]

我们常见的莫奈的作品题材是睡莲、谷仓、池塘和教堂，其实他的视野很开阔。

《虞美人》。莫奈"在一望无际的绵延绿色之中点缀了无数红色的虞美人，以明快的方式游离于两种互补的颜色之间，从而展现出两种色彩的强烈互动。画家的夫人卡米耶和儿子在茂密的草丛间漫步……远处，天空布满厚重的云朵，给人以失重的感觉"[②]。

《圣拉扎尔火车站》让我们想起了莫奈的一个小故事。他住在这个火车站附近，并以车站为主题，总共画了12幅作品。1877年的莫奈根本没什么名气，却大摇大摆地在火车站的人潮中架起画架，最过分的是他让铁路公司的主管将蒸汽朝着自己想要的方向排放，有时还会临时要求火车停下来。我第

---

①② Severine Cuzin-Schulte(2012), *Musée d'Orsay：Guide de Visit*, Paris: Éditions Artlys, P.71.

《虞美人》，莫奈，1873 年，奥赛博物馆藏

《圣拉扎尔火车站》，莫奈，1877 年，奥赛博物馆藏

一次听到这个故事时忍俊不禁，感叹莫奈的气势足。这事布丹和西斯莱都不会干，这是与生俱来的“艺胆”。

莫奈不准备描绘记忆中的圣拉扎尔火车站，他想捕捉火车头上逸出的蒸汽云的光线变化。“他们应该将去鲁昂的列车推迟半个钟头。因为它出发半小时后的光线效果才是最好的。”①

雷诺阿描绘了朋友莫奈的“疯狂”举动：

他穿上他最好的外套，蕾丝袖口蓬松地散着，随意地摆弄着一根金杖头的拐棍，将他的名片递给圣拉扎尔火车站西部铁路公司的主管。被吓得目瞪口呆的看门人很快就帮他通报了。这位高层官员示意他坐下来，来访者非常简洁地介绍了自己：“我是画家克劳德·莫奈。”这位特别的主管对绘画一无所知，但他不敢承认这一点。莫奈允许他挣扎了几分钟，为的是能够做出伟大的宣告，“我决定描绘你们的火车站。我在火车北站和你们这个火车站之间犹豫了一段时间，但后来，我相信你们这个火车站更有特色。”莫奈得到了他想要的一切——他们让火车在他面前来回滚动——先往一个方向，然后往另一个方向。

他们在火车头中用煤炭点火，这样烟就能变成莫奈需要的颜色。②

这幅画中我们也看到了莫奈受到英国大画家透纳的影响。莫奈为了躲避1870年普法战争的征召逃到英国，遇见了透纳。

① ② [俄] 娜塔利娅·布罗茨卡娅、尼娜·卡利蒂娜：《外国名家精读：克劳德·莫奈》，赵晖、曹子雄译，人民美术出版社2016年版，第225页。

Ⅵ

莫奈画中的人物往往是作为风景画的一部分来描绘的，例如奥赛博物馆收藏的《写生：打洋伞的女人》。但也有例外，如他早期的受马奈同名作品影响的《草地上的午餐》，这幅画没有完成，作为抵押品给了债权人，1884年莫奈赎回时，它已遭到破坏。因此画家将整幅作品切割成三部分，只有左面和中间保留了下来。有意思的是，莫斯科普希金博物馆也有一幅《草地上的午餐》。

圣彼得堡冬宫博物馆策展人娜塔利娅·布罗茨卡娅认为后者是晚于前者的，但我看上去，普希金博物馆的应该是奥赛大作的准备图稿。

布罗茨卡娅分析道：

《草地上的午餐》，莫奈，1866 年，莫斯科普希金博物馆藏

莫奈首先感兴趣的是将人物融入风景，表现空气和光线以及它们对色彩产生的影响。莫奈按照画面的整体构图分配普希金博物馆版的《草地上的午餐》彩色的高光：浅色桌布的高光在中心，中间一群人中一位女生穿的裙子的绿色装饰和树下草地上的红色披巾的高光是在右侧。有趣的是这幅画几乎没怎么向深处延伸，因为所有最浓烈的色块都安排在前景中，沿着画面的下缘展开。从画面的构图看也是如此，空间的延伸被森林的绿墙限制住了，它们构成了浓重的背景。这也可以感受到当初莫奈偏爱阴影的暗色调。[①]

两幅画的构图并不一致。奥赛版坐在中间的是正在笑着的大胡子库尔贝，在普希金版中，则是络腮胡子的年轻人。

左侧那群人中间的那位女士的裙子样式也经过了调整，普希金版胸前的深红色缎带消失了，她戴着的帽子也换成了另外的款式。此外，奥赛版中没有狗。

无论如何，这两个版本都保留了莫奈早期作品中最重要的总体构思，很新奇。

莫奈在奥赛博物馆的另一幅《戈迪贝尔夫人》也很特别。

这位第二帝国贵妇优雅的站姿和调整手套的姿势都遵从了当时肖像画的传统风格，但也透露了一些离经叛道的信息，色彩过于明亮，“雍容华贵的长裙并不是通过细节来展示的，而是以粗放的笔法加以暗示。地毯的花卉图案和背景中的窗帘以潦草的笔法描绘，大胆处理桌子上的静物花卉是对户外绘画的追忆”[②]。

① [俄] 娜塔利娅·布罗茨卡娅、尼娜·卡利蒂娜：《外国名家精读：克劳德·莫奈》，赵晖、曹子雄译，人民美术出版社2016年版，第357页。

② [德] 彼得·J.加特纳：《艺术与建筑：奥赛博物馆》，刘鑫译，中国铁道出版社2011年版，第131页。

《戈迪贝尔夫人》，莫奈，1868 年，奥赛博物馆藏

《写生：打洋伞的女人》，莫奈，1886 年，奥赛博物馆藏

Ⅶ

1892年，莫奈在鲁昂的时候产生了创作“鲁昂大教堂”系列的念头。当时他住在鲁昂大教堂的正对面，被它给迷住了。

布罗茨卡娅在《外国名家精读：克劳德·莫奈》中描述道：

从他房间的窗户里无法看到整个建筑物，只能看到大门。这决定了这套组画的第一部分构图。在这些画中，艺术家的视野被限制在大门和它上面的那一小块天空上。这是一个“特写”构图，它被泥瓦匠和雕塑家技艺娴熟的双手转换成石头花边，占据了画面的全部空间。之前，从悬崖、山坡或是房间的窗户里眺望的时候，他喜欢将前景留空，以便给画面带来一种空间感。现在画面主体离得非常近，差不多等于近距离瞄准的距离，然而这种接近无助于说明其本质，因为光线将形体简化到几乎什么也看不出。①

1893年，莫奈又来到鲁昂，不仅从1892年画过的视角描绘大教堂，他还租了另一套公寓，在那里能以稍微不同的视角欣赏这幢建筑。

莫奈为创作大教堂付出了巨大的精力，他在鲁昂给妻子和朋友的信中写道：

今晚我真是太疲倦了，在阳光下，我改变、摧毁了所有的油画，木已成舟，不过我承认多少有些后悔。如果好天气持续下去，我就不会有任何损失。但是如果好天气再次中断，我就完了。到时候不得不强迫自己去完成两到三幅描绘阴郁天气的作品，可会发生什么，谁能说得准呢？（1892年3月31日）

---

① [俄] 娜塔利娅·布罗茨卡娅、尼娜·卡利蒂娜：《外国名家精读：克劳德·莫奈》，赵晖、曹子雄译，人民美术出版社2016年版，第313页。

我被击垮了，从未感觉到身体上、精神上这么疲倦，我非常讨厌这种感觉，只想躺在床上。但是我很高兴，如果这种好天气再多延长几天，我会更高兴。不管怎样，我回去的时候会带上一些东西，但好运会持续吗？气压表明显在下降。（1892年4月2日）

不稳定的天气多么恐怖啊！我不顾一切地继续作画，没有停歇。我感觉良好，但亲爱的上帝，这可恨的大教堂太难画了。从我到这里，明天就一周了，我每天都在画这两幅画，但是不知道想要什么。哎，在刻苦奋斗之后，它最终会结束的。（1893年2月22日）

事情在今天稍微好转，我终于可以完成大教堂了，但还要花些工夫。只有通过努力地工作，才能得到自己想要的。如果这次还不能画出理想的作品，我也不会吃惊，明年我还会来这里的。我会做能做的一切来度过这段时间。（1893年3月3日）

我提前到这里了，这并不意味着我很快就会完成我的《大教堂》。遗憾的是，我只能一再地重复：我陷入得越深，就越难表达出自己的感觉；而且我告诉自己，任何一个宣称自己已经完成一幅画的人，都非常骄傲自大。完成一件事物，就意味着完整、完美。我强迫自己工作，却毫无进展，摸索前进的道路，却没有创造出一些与众不同的作品，只是觉得筋疲力尽。（1893年3月28日）

今天画了14幅油画，这是前所未有的事。如果我住在鲁昂，现在是开始理解自己的主题的时候了。我一直在慢慢摸索，现在快要完成了，我不会在这里待得太久了，首先是我太累了，一门心思想回家，其次是因为它（光线）变化巨大。2月倾斜的光线已经不在了，每一天光线都变得更白。从明天开始，我要再多画两三幅油画。（1893年3月29日）①

① [法] 莫奈：《莫奈艺术书简》，张恒译，金城出版社2012年版，第206－220页。

《鲁昂大教堂，大门，清晨的阳光，蓝色的和谐》，莫奈，1893 年，奥赛博物馆藏

《鲁昂大教堂，阳光充足，蓝色和金色的和谐》，莫奈，1893 年，奥赛博物馆藏

“鲁昂大教堂”系列作品现存二十幅，分别散落在世界各大博物馆与私人收藏家的手里。其中，奥赛博物馆拥有得最多，《鲁昂大教堂，西大门，阴天》《鲁昂大教堂，大门和圣罗曼塔，早晨的效果：白色的和谐》《鲁昂大教堂，大门，清晨的阳光，蓝色的和谐》《鲁昂大教堂，阳光充足，蓝色和金色的和谐》和《鲁昂大教堂，大门，正面：棕色的和谐》，五幅作品一字排开，甚为壮观。

五幅鲁昂大教堂的画一字排开，很是壮观

Ⅷ

能看到雷诺阿的作品，真是让我心情大好，尤其是五楼中央的大画《煎饼磨坊里的舞会》《城市舞蹈》和《乡村舞蹈》。

当时的艺术评论家里维埃是《煎饼磨坊里的舞会》中描摹的模特儿，他谈到这幅画的具体情境：

舞会场地由栅栏围起来，因其位置在风景优美的蒙马特高地而显得别具一格，野外长满了金花菜，茂密的野草和荨麻漫过了栅栏——一个宽敞低矮的房间光线昏暗，院子里种着金合欢，看起来病恹恹的，摆放着一些刷上绿漆的桌椅长凳：整个露天舞会就这么多设施——雷诺阿先生在白天的舞会中进行创作，女孩子们从家里偷跑出来，跳一支波尔卡舞或炫耀她们夏天的连衣裙。这幅作品的优点可以用几句话来概括：艺术家现场作画，画中摆姿势的人物都是舞会的常客，舞会笑语喧哗，人来人往，阳光颤动，一切都笼罩在风华正茂的青春气息中。这也是雷诺阿先生的“舞会”——这幅作品见证了历史的一页，展示了巴黎人生活珍贵的一刻，是当时境况的忠实再现。在此之前，从未有艺术家想要用如此大的画幅记录下日常生活的某个场景——雷诺阿先生和艺术家朋友们深知，历史题材的画作不再是描绘过去的神话传说——艺术家想要进行历史题材的创作，就应该描绘他们所处时代的历史，而非拽着过往时代的尘埃不放。从色调而不是主题本身来处理题材，这也正

《煎饼磨坊里的舞会》，雷诺阿，1876 年，奥赛博物馆藏

是印象派画家有别于其他画家之处——雷诺阿先生的探索及描绘题材的新方式独具个性，也是其优点所在。雷诺阿并没有像马拉盖码头的学生那样去探索如哈尔斯和委拉斯凯兹等艺术大师的绘画秘诀，而是去寻找且找到了现代的绘画语言。[①]

里维埃还列举了画中摆姿势的模特和朋友："在前景中，坐在花园板凳上的是埃斯特尔的妹妹珍妮，我、拉米及贡纳特坐在放着糖浆饮料的桌子旁，饮料是传统的石榴汁——来自古巴的西班牙籍画家卡德尼亚斯（Cardenas）位于画面中央，正在和小玛格跳舞。"[②]雷诺阿邀请朋友和蒙马特孩子们在舞会中充当模特，解决了昂贵的模特费用。舞会是欢乐的，没有显现出这些少女们未满16岁就已为人母或沦为妓女或染上酗酒的恶习。画中的男性朋友是雷诺阿的朋友或仰慕者，组成了画家的小圈子。

《雷诺阿》的作者安妮·迪斯泰尔分析道：

雷诺阿大胆选择平淡无奇的题材，创作堪与沙龙青睐的历史题材的画幅不相上下的作品。从人物各自的比例来看，通过重叠描绘人物，营造出多层次的节奏感。雷诺阿引导着观众的目光，对于习惯了失真的空间和画面的现代观众来说，显然更容易理解这样的画面，然而对于同时代的人来说，看到这样充满动感和节奏的舞会景象却有些出乎意料，似乎身临其境一般。[③]

雷诺阿在画中表达了自己对生活的热情及无忧无虑的青春年华。

---

① [法] 安妮·迪斯泰尔：《雷诺阿》，闭朝莲、蔡莲莉译，北京美术摄影出版社2016年版，第137－138页。

②③ [法] 安妮·迪斯泰尔：《雷诺阿》，闭朝莲、蔡莲莉译，北京美术摄影出版社2016年版，第138页。

这幅画的题材还让人想起了18世纪伟大的法国画家华托，他也是表达“风流聚会”和“出游公园”的高手。较之华托画作的小情小调，雷诺阿用色彩画家的笔触表达了大众聚会的狂热以及对青春和消逝瞬间的欢庆。

华托与雷诺阿分别描绘了18与19世纪法国女性之美。

Ⅸ

其实，除了《乡村舞蹈》和《城市舞蹈》，雷诺阿还创作了《布吉瓦尔舞蹈》（收藏于美国波士顿美术馆），构成了“舞蹈三部曲”。

这三幅画的男模特可能是同一个人——保罗·劳特雷克，但雷诺阿刻意区分了《城市舞蹈》和《乡村舞蹈》中女性人物的体型。

《城市舞蹈》中的年轻夫人肤色浅黑，睫毛和眉毛的颜色较深，容貌借鉴了苏珊娜·瓦拉东，她是许多艺术家的模特儿、缪斯和情人，也是画家莫里斯·郁特里罗（Maurice Utrillo，1883—1955年）的母亲。她自己也是画家。

为了描绘这对沉浸在浪漫舞曲中的佳偶，雷诺阿选择了一个典雅的场景：墙壁前的植物和柱子显示出这是一个奢华的场所，正如两位主角的舞姿一般。背景采用了统一的色调，闪动着浓淡相间的绿色，地板则凸显出男士的黑色礼服与女士精美的白色长裙，甚至带有珍珠般的光泽。此外，名媛头上别着的玫瑰花为年轻的脸庞增添了一缕柔嫩的亮彩。

西莫娜·巴托勒纳在《雷诺阿》中写道：

《乡村舞蹈》的女舞者从穿着白色礼服且魅力四射的巴黎美人换成了由内而外洋溢着欢喜之情的艾琳。艾琳后来成了雷诺阿太太，她丰腴的身材展

《乡村舞蹈》，雷诺阿，1883 年，奥赛博物馆藏

《城市舞蹈》，雷诺阿，1883 年，奥赛博物馆藏

《布吉瓦尔舞蹈》，雷诺阿，1883 年，美国波士顿美术馆藏

现出女性体态的柔美感，这与画家探求新画风的意图十分契合。[①]

在某种程度上，正因为如此，雷诺阿的笔触也有所改变，他开始用柔和的线条强调人物的立体感和可塑性，巧妙地传达两人间的爱抚和拥抱。事实上，如果说《城市舞蹈》仍旧保有印象派的表现手法——画中营造的气氛非常接近当时艺术家所描绘的中产阶级的社交生活风貌——那么，《乡村舞蹈》无疑是雷诺阿尝试新画风的成果。

总之，浪漫但过于端庄的"城市舞蹈"转变成了阳光、纯朴、充满活力的"乡村舞蹈"，就像艾琳面朝观者展露的灿烂笑容。

X

奥赛博物馆收藏的雷诺阿的《秋千》与《煎饼磨坊里的舞会》一样创作于1876年，比"舞蹈三部曲"早六七年。1875年，雷诺阿挣到了足够的资金，在蒙马特高地附近的可托路租下一间工作室。雷诺阿觉得这里的花园很像"被遗弃的公园"，画家在这里绘制了《秋千》。

"自然主义作家左拉受到《秋千》的影响，在1878年出版的《爱的一页》中这样描写小说的主人公：'她站在秋千上，双手握着绳子——她穿着一条浅色的连衣裙，裙子上面点缀着浅紫色的蝴蝶结——天色灰白，弥漫着朦胧的金色阳光，阳光好像蒙蒙细雨般洒在树枝上'；不远处，她的小女儿让娜在'与太阳做游戏，她觉得太阳正在一步一步地靠近她——最让她喜欢的是那些黄色的斑斑点点，金黄色的斑点好像小虫子一样，在她的披肩上跳来跳去'。"[②]

① [意] 西莫娜·巴托勒纳：《雷诺阿》，王苏娜译，北京时代华文书局2015年版，第110页。
② [法] 安妮·迪斯泰尔：《雷诺阿》，闭朝莲、蔡莲莉译，北京美术摄影出版社2016年版，第144页。

《秋千》，雷诺阿，1876 年，奥赛博物馆藏

XI

雷诺阿50岁左右时曾创作过《弹钢琴的少女》的多个版本，其中的奥赛版可能是最好的，当时由法国政府买下。这幅画造型鲜明，与和谐的背景自然融合，色彩也不再那么浓烈。雷诺阿放弃了全局安排的空间布置，采用室内特写式的构图，重点描绘正在弹钢琴的少女及其女伴，画中的两个人物皆为半身像。

“少女细腻的肌肤呈粉色，暗部是暖色的，周围部分呈现柔和的粉红色、蓝色、绿色、橙色。空间的深度通过细节刻画来实现：圆润的身体、钢琴上的烛台与阿拉伯花纹、乐谱、远景中出现的光线和家具，让画面更加充实。”①

当时的艺评家奥里耶对此画评论道：“在这个艺术家几乎有些情色的画笔下创造的可爱迷人的小世界，我情不自禁地想到艺术家单纯的灵魂，他带着与生俱来的敏锐、和蔼、宽容、快活，说着难以捉摸的怜悯的反话；如孩子般的心性，没有悲观的喋喋抱怨，只是活泼喜悦，对真实的世界沉醉着迷，好似一个孩子走入了摆满洋娃娃、气球和诺亚方舟的集市，又好似一个调皮的孩子，凡事抱着怀疑的态度，这是怎样的一种发自内心的怀疑态度啊！雷诺阿的漂亮是矫饰到极点的漂亮，那种出类拔萃甚至有些不可触及的漂亮，因而显得意趣盎然。先是因为其过度，然后是因其近乎有种哲学性和象征性的漂亮，象征着艺术家的灵魂、思想及其宇宙观。”②

① [法] 安妮·迪斯泰尔：《雷诺阿》，闭朝莲、蔡莲莉译，北京美术摄影出版社2016年版，第280页。
② [法] 安妮·迪斯泰尔：《雷诺阿》，闭朝莲、蔡莲莉译，北京美术摄影出版社2016年版，第284页。

《弹钢琴的少女》，雷诺阿，1876 年，奥赛博物馆藏

Ⅻ

雷诺阿类似的画作实在是太漂亮了，他的裸体画反倒有些“丑”，我过去没有注意过这些裸女，但在奥赛博物馆，这些有些胖乎乎的裸女不得不让我琢磨。

奥赛博物馆的《浴女》是他的最后一幅杰作。他表示：“现在，没有手没有脚的我却要画大幅的油画，我的梦想是画出和委罗内塞《迦南的婚礼》一样的作品！”[①]

迪斯泰尔分析道：

《浴女》，雷诺阿，1918—1919 年，奥赛博物馆藏

① [法] 安妮·迪斯泰尔：《雷诺阿》，闭朝莲、蔡莲莉译，北京美术摄影出版社2016年版，第376页。

画中的两个“美女”似乎是浮着的，嵌在有植物和挂毯的背景中，重现了让·古戎的浮雕（编者注：参见作者的《浪漫巴黎——七探卢浮宫》）。年轻时的雷诺阿很欣赏古戎。雷诺阿将浴女那丰盈的体态描绘得相当精细，与背景中热情、狂野和草率的笔触完全相反。他将两个主要人物形象安排在一起，而将另外三个尺寸较小的人物分散在背景中。画中的一个模特是赫其灵，她是从法国东部战场逃往尼斯的年轻难民，是后来成为20世纪野兽派大家的亨利·马蒂斯（Henri Matisse，1869—1954年）向雷诺阿推荐的。她长着一头红头发，光彩照人，成了画家灵感的来源。雷诺阿去世不久，他的儿子让娶了她，赫其灵成为其第一任妻子。[①]

我们从雷诺阿最后一幅画感受到的那种快乐与莫奈晚年创作的《睡莲》组画时感受到的那种快乐相差无几。

1919年底，雷诺阿去世。1923年，他的儿子们将《浴女》赠予政府，前提是该作品必须在卢浮宫展览，卢浮宫管理层却犹豫不决，雷诺阿的家人差点撤回捐赠。还好，卢浮宫管理层最后还是妥协了。

当然，今天的奥赛博物馆是巴不得多几幅这样的瑰宝了。

XIII

2018年冬天，奥赛博物馆正在举办德加特展，机会难得。2017年夏天时，奥赛博物馆举办了塞尚人物特展，我因为急着想将馆藏全部看完，对特展匆匆而过。

像奥赛这样的大博物馆，即便拥有印象派画家丰富的馆藏，也只能选

---

① [法] 安妮·迪斯泰尔：《雷诺阿》，闭朝莲、蔡莲莉译，北京美术摄影出版社2016年版，第376页。

择几幅相对精彩的作品常年展出，而特展旨在全面展示这些艺术家的艺术风貌，必须珍惜。

1858年，24岁的埃德加·德加受邀来到他的姑姑劳拉和姑父贝莱利男爵位于佛罗伦萨的家，绘制了包括他的堂妹罗兰和朱丽叶在内的《贝莱利一家》，表现出画家洞察力敏锐的天赋。

《德加》的作者贝尔德·格洛维分析道：

画面右侧是背对我们而坐的男爵，他并没有实际参与到对母女三人群像的平衡之中。正如一幅素描草图所揭示的那样，德加最开始时对父亲的设

《贝莱利一家》，埃德加·德加，1858—1867年，奥赛博物馆藏

定是位于桌子末尾的正面形象，但在最终的版本中他被边缘化了，远离了家庭的中心。家庭中的母亲、妻子是关注的焦点——她在28岁的年纪与身为律师、自由记者的热内罗·贝莱利结婚，而这可能是一场家族安排的婚姻，作品通过突出父亲和家庭中女性成员们之间的距离，揭示了这场婚姻的失败。①

德加十分关注朱丽叶。她在坐姿上与母亲相连接，眼睛则看向一旁的父亲。她的左腿被坐在身下，双手若无其事地搭在屁股上，她构成了父母双方紧张关系的稳定中点。以这种方式捕捉那一刻，使得德加能够表现出一种直接的参与感；朱丽叶全然放松的姿态是作者通过一系列的研究而最终得来的，这也使得这幅家庭肖像从当时的主流绘画方式中被区分出来。没有讽刺，没有遮掩，《贝莱利一家》通过婚姻双方相互错开、没有交集的目光来探究他们内心世界中无法调和的矛盾。

XIV

德加19世纪60年代的经典之作是《巴黎歌剧院管弦乐队》。

《詹森艺术史》中对此画的分析是：

画面上最初只有位于前景里的巴松管演奏者的肖像，后来范围扩大到其他乐师，很多人的身份都可以得到确认。这幅作品本质上是风俗画，不仅描绘了乐队成员，还有舞台上的芭蕾舞者。然而画面的主题并不是勤奋的表演者，而是现代生活本身的紧张、兴奋与破碎，这一切都以真实的方式表现出来。事实上，德加将观众放在一个凹洞中，让我们感到自己仿佛是不受注意

① [德] 贝尔德·格洛维：《德加》，姚珊珊译，北京美术摄影出版社2017年版，第10－11页。

《巴黎歌剧院管弦乐队》，埃德加·德加，1875—1876 年，奥赛博物馆藏

的窥探者。我们采取的视角并不是来自正面，而是有所偏转，对绘画而言不同寻常，却是剧院常客们的典型视角。画面右部的大提琴手形象被直接裁切掉一部分，暗示这里所看到的只是乐池左侧，我们看到的只是全景的片段。对芭蕾舞者的处理也同样，她们的头部和腿部都被裁在画框之外。

在人物塑造方面，墙壁、舞台、乐队前排的人物以及芭蕾舞者都是基于同样的准备——稍许倾斜，无论演奏乐器时斜拉的手臂还是舞者的四肢都是如此。空间似乎被压缩了，远景与近景戏剧性地重叠在一起，仿佛沿绘画平面向上攀爬，而非退入空间之中。精确的线条勾勒出人物与器物，但活跃的笔触四处挥洒，在舞者的短裙上表现得最为明显。这为画面增添了些许自发性与短暂性，令观众得以充分感知这一瞬间。

学者们通常将德加的创新性构图归功于日本版画，后者正是在19世纪50年代晚期涌入巴黎市场。[①]

XV

另一幅德加作于1875年的《苦艾酒》也让人过目不忘，画中咖啡馆里的两个人是德加的朋友铜版师戴博廷和演员安德蕾。当时苦艾酒饱受争议，工人的高酗酒率通常被归咎于它。“画中所选取的视角、对两人位置的安排以及桌子的摆放，都为画面营造了更大的视觉空间，同时也强调了两个人物之间的孤立和错位。模糊的背景更加凸显他们脸上的伤心、疲倦。幽暗的影子诉说着疏离，使二人看起来更加疏离。从我们的角度看，画面中的人物、空间和映像都没有任何明确、清晰的关系。”[②]

19世纪70年代的德加全面转向描绘现代生活，题材广泛，包括芭蕾舞、

---

① [美] H.W.詹森、J.E.戴维斯：《詹森艺术史》，艺术史组合翻译实验小组译，湖南美术出版社2017年版，第872页。
② [德] 贝尔德·格洛维：《德加》，姚珊珊译，北京美术摄影出版社2017年版，第32页。

《苦艾酒》，埃德加·德加，1875 年，奥赛博物馆藏

赛马、咖啡馆的音乐会、洗衣妇和正在沐浴的裸女等。其中为后世熟知的有《预演》和《芭蕾舞剧场的休息室》。

1874年2月13日星期五，法国著名的小说家埃德蒙·德·龚古尔拜访德加并在他的日记中写道：

昨天，我在德加的画室中度过了整整一天，这是我新认识的一位画家。经过大量的研究和各种尝试，他完全爱上了现代生活这个绘画题材，现代生活中有这么多题材，他偏偏选择了洗衣妇和芭蕾舞者，想想看也是个不错的选择。

画中是一个充满粉红色和白色的世界，草坪上和帷幔里，女性曼妙的裸体的确是表现那种苍白、柔软色调的最佳选择。

他向我展示了洗衣妇画像，她们的各种姿态和用透视短缩法画出的优雅举止，一幅接一幅——她们一边熨烫着衣服，一边交流着熨烫的技巧。

随后，他又展示了舞者。画中的舞者是在绿色墙壁的房间里，光线从窗户折射进来，照在正从楼梯走下来的舞者们的腿上，映出奇怪的影子，身穿亮红色格子衣服的芭蕾舞老师就站在那些蓬松的白色芭蕾舞裙中间，在其映衬下显得既可笑又俗不可耐。还有一幅画画的是那些瘦小的芭蕾舞女孩正在优雅地旋转着。

德加，这个我新结交的伙伴，他病了，眼部神经发炎，恐怕要失明。但也正因如此，造就了他敏锐的直觉。迄今为止，在我遇到的所有画家中，他是最能反映现代生活、抓住生活精髓的人。[①]

① [英] 克里斯托弗·劳埃德：《纸上的舞者：埃德加·德加的素描与色粉画》，朱一凡、王莹、邢煜婧译，上海人民美术出版社2017年版，第117－118页。

《预演》，埃德加·德加，1877 年，苏格兰格拉斯哥美术馆藏

《芭蕾舞剧场的休息室》，埃德加·德加，1871 年，奥赛博物馆藏

XVI

奥赛博物馆的《熨衣女》揭示了当时熨烫妇女的工作状况，她们的工作时间很长，一般是从早上5点忙碌到晚上11点，收入微薄，工作条件恶劣，处于闷热且幽闭的空间内。熨衣妇们都身着薄衣，时不时还会借酒浇愁。德加很同情她们的困境，认为她们是巴黎的缩影。他曾写道：“这个世界中人人都精彩。一个巴黎的洗衣女孩，手臂裸露着，同样代表着巴黎，其意义不输于我们任何人。”[①]

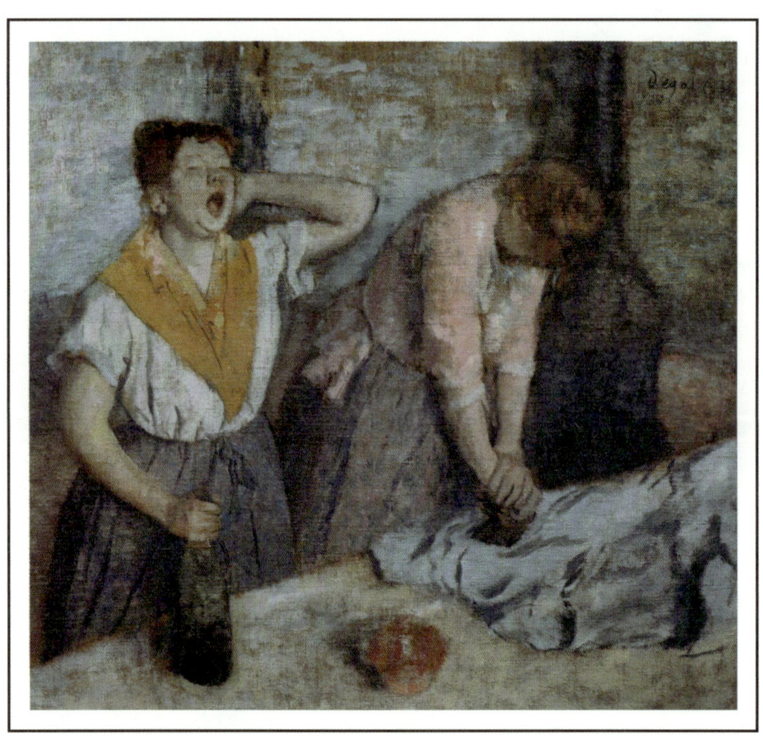

《熨衣女》，埃德加·德加，1884/1886 年，奥赛博物馆藏

① [英] 克里斯托弗·劳埃德：《纸上的舞者：埃德加·德加的素描与色粉画》，朱一凡、王莹、邢煜婧译，上海人民美术出版社2017年版，第124页。

赛马和骑师在德加晚期的作品中出现得越来越少，芭蕾舞者和裸女却成了德加一直钟爱的题材。虽然他在37岁时才以芭蕾舞者为题材，但他的余生一直坚持画舞者，他笔下的舞者，包括油画、水粉画、色粉画和素描，总数超过他毕生之作的一半。

奥赛博物馆还藏有德加著名的青铜雕塑《14岁的小舞者》。《纸上的舞者：埃德加·德加的素描与色粉画》的作者克里斯托弗·劳埃德介绍道："与众不同的是，这座雕塑穿着真正的衣服：棉衣裙，带有蕾丝边的胸衣，芭蕾舞鞋和真发制作的假发，用丝带绑在头后。这些特征完美彰显出现实主义的特色。除此之外，模特是一个仍在接受训练的年轻舞者而非知名舞蹈家，这也引发了不少争议。"①

《14 岁的小舞者》，埃德加·德加，1880/1881 年，奥赛博物馆藏

① [英] 克里斯托弗·劳埃德：《纸上的舞者：埃德加·德加的素描与色粉画》，朱一凡、王莹、邢煜婧译，上海人民美术出版社2017年版，第131页。

而且，这尊少女雕像的头部和姿势由于被刻意丑化，因而并不为观众所喜爱。

德加转向雕塑是因为其不断恶化的视力，他不擅长雕塑技术，所以要花费极大的精力来完善作品。为了准备《14岁的小舞者》，德加以相同的视角画了9张草图，共约26个舞者习作。

在德加特展中能看出他的素描艺术也是极品。正如克里斯托弗·劳埃德在《纸上的舞者：埃德加·德加的素描与色粉画》中所言：

德加的一生都在不停地画素描，19世纪五六十年代，他笔耕不辍是为了训练自己的视角和眼光；进入70年代后，素描更成了德加情感的依托，我们甚至可以说德加艺术的根基就是素描。对德加而言，素描完全凭直觉，绘画却是有意为之。尽管一开始德加只是把素描看作是完善绘画的手段，但到了他职业生涯的中期，素描已成了他作画的目的而非仅仅是手段。70年代，德加开始画色粉画，且在不同材质、不同色彩的纸上画了大量的素描。这些作品自成一体，与他的油画作品不相上下，尤其到了90年代，德加已经鲜有油画作品问世。德加对素描的偏爱颠覆了传统素描对油画的依附，显示了德加的艺术所具有的求新、求变的特质。德加素描的尺寸之大、纸张之考究、作品之完备都堪称一绝，再辅以精美的画框，足以与油画作品相媲美。[①]

① [英] 克里斯托弗·劳埃德：《纸上的舞者：埃德加·德加的素描与色粉画》，朱一凡、王莹、邢煜婧译，上海人民美术出版社2017年版，第9页。

奥赛博物馆中德加特展

VAN GOGH
ARTAUD

第三章

奥赛博物馆（三）

印象派中，莫奈、雷诺阿与德加三人的风格最为明显，或者说他们各有拿手的题材，如莫奈的睡莲池塘、雷诺阿的人物集会和德加的舞者。但印象派运动的另两位积极参与者卡米耶·毕沙罗和西斯莱都是以风景画见长，要细细品味才能体会他们的画风。

I

印象派中，莫奈、雷诺阿与德加三人的风格最为明显，或者说他们各有拿手的题材，如莫奈的睡莲池塘、雷诺阿的人物集会和德加的舞者。但印象派运动的另两位积极参与者卡米耶·毕沙罗和西斯莱都是以风景画见长，要细细品味才能体会他们的画风。

法国艺术史家弗朗索瓦兹·巴尔伯·嘎尔在《读懂印象派》一书中富有诗意地描述了奥赛博物馆中卡米耶·毕沙罗的《冬天里村庄的红色屋顶》：“略显模糊的风景将色彩挥洒在画布上，沁入树木和光秃秃的树叶之间。大

《冬天里村庄的红色屋顶》，卡米耶·毕沙罗，1877 年，奥赛博物馆藏

自然将线条与形状重叠，掩盖了一部分紧紧靠在一起的房屋。一条绿色的道路始于画面之外，画出缓缓的曲线，最终在小村庄四周围成一圈。……这不是一个很宽阔的散步场所，我们甚至会因为无法走得更远而感到失望，除非有人觉得这条路刚好适合自己的体力。……没有时间留给文学的幻想。要抓紧时间，在仍然光秃秃的树枝之间辨别出邻家房顶上这些崭新的深红色瓦片，一种紫红色的幸福——对于关注风景微小变化的画家来说实在是个意外的收获。现在已经是冬天的末尾，田野上的小麦开始转色，果树很快就会开花，在它们沉重的枝丫背后，最后的鲜红色调也将从风景中消失。”①

这幅画作展现的是彭图瓦兹的山丘脚下聚集的18世纪的小房子，彭图瓦兹离巴黎只有45分钟的火车车程，方便巴黎人前来度假。艺术家也在此找到了不同于塞纳河岸的风景：传统的农庄、田野与山丘、花园、河岸、果园、森林与市场等。毕沙罗全家1866—1883年在此定居，画中的区域离毕沙罗家很近，所以他能随时来此处作画。

Ⅱ

19世纪自然主义作家左拉非常欣赏毕沙罗“极端具有个人风格且极端真实”的风景画，1868年他评价道：“古典派风景画已死，被生活和真实所杀死。今天，如果想要创作出优秀的作品，没有人胆敢说大自然需要被理想化，天空和流水是粗俗的，必须让地平线更加和谐——我们在田野上放牧自己有些错乱的神经系统，为最轻微的风而感动。关注湖上青蓝色的轻浪、天空一角的粉红色调——乡村为了我们而过着令人心碎的生活，我们为了看到

① [法] 弗朗索瓦兹·巴尔伯·嘎尔：《读懂印象派》，王文佳译，北京美术摄影出版社2016年版，第143－146页。

一株高大的橡树、一丛山楂花、一朵浪花的斑点而常常感动得热泪盈眶。我们的风景画家黎明就出发了，背着画匣，开心得如同热爱大自然的猎手。他们随意在某处坐下，或是在森林边缘，或是在溪流沿岸，谨慎地选择题材，随处可见活生生的地平线，以人性的趣味作画。”①

我以前经常看到毕沙罗的画，只是觉得他画得不错，可在奥赛博物馆的这幅《冬天里村庄的红色屋顶》前，我看到了毕沙罗的“个人风格”确实与“古典绘画”有很大的区别，这是夏尔丹式的风景画。

奥赛博物馆收藏的毕沙罗的另一幅《穿着木鞋前进》让我想起了凡·高的作品，但它创作于1873年，不会是受凡·高的影响，如果说影响，也是凡·高作为接受者。嗯，反正凡·高也受了米勒的影响，他们是一伙的。

《穿着木鞋前进》，卡米耶·毕沙罗，1873 年，奥赛博物馆藏

① [法] 弗朗索瓦兹·巴尔伯·嘎尔：《读懂印象派》，王文佳译，北京美术摄影出版社2016年版，第147页。

还是左拉，称赞毕沙罗“创作的画朴素而庄重，极致地关注真实和准确，拥有坚定而顽强的意志”，并且对他说：“先生，你是一个非常笨拙的人，你是一位我喜欢的艺术家。”①

在印象派的标签还没有出现的19世纪60年代末，左拉就预见性地称赞毕沙罗：“站在一片大自然面前，以描绘宽广的地平线为己任，不刻意地沉浸于自己创造的乐趣中；他既不是诗人也不是哲学家，而是自然主义者，天空和大地的爱好者——从来没有任何一幅画在我看来是如此的宽阔和威严。我能够听到来自大地深处的声音，感受到树木强劲的生命力。朴素的地平线，对喧闹的蔑视，完全不用辛辣的色调，这一切形成一种我无法理解的史诗般的壮阔。这种真实比梦境还要美妙，我感觉自己面对的是一片广阔的田野。”②

至于西斯莱，我是在2018年冬走出奥赛博物馆的两周后去了巴黎附近的莫雷－肖尔－卢万（一如彭图瓦兹之于毕沙罗，那里是西斯莱的绘画故乡），才对他有所感知，我会在接下来的“浪漫巴黎”系列中聊到。

这里只举奥赛博物馆中西斯莱的《洪水中的船只》为例，这幅画很有他的风格。黄褐色的房子凝固在这个世界里，在那里天空与土地融合，水面泛起涟漪，云朵悠悠飘过。“西斯莱是唯一一位没有将风景画局限于自然变幻的美，而是将它们延伸到梦境、哲学等领域的印象主义画家，他的画总是能唤起人们对自然的宁静思考、温柔的情感，与此同时还有淡淡的忧伤。它们不只是将自然再现于画布上，而是以色彩的方式表达自然在人心中激起的复杂感受。”③

布罗茨卡娅对西斯莱的评论是：

①② [法] 弗朗索瓦兹·巴尔伯·嘎尔：《读懂印象派》，王文佳译，北京美术摄影出版社2016年版，第57页。

③ [俄] 娜塔利娅·布罗茨卡娅、尼娜·卡利蒂娜：《外国名家精读：克劳德·莫奈》，赵晖、曹子雄译，人民美术出版社2016年版，第87页。

《洪水中的船只》，西斯莱，1876年，奥赛博物馆藏

忠贞和坚定是西斯莱个性的核心品质，他一生都在户外创作，这也是为什么他总是使用艺术用品商店所出售的预制的小尺幅画布。他从未背离直接在自然中写生的原则，也从未为了多挣些钱而粗制滥造。他的美丽，甚至是某种程度的缺乏自信，与莫奈的粗放大胆形成了互补，要是没有这些，印象主义的画面将是不完整的。有一天，年轻的艺术家亨利·马蒂斯和毕沙罗聊天时问他“印象主义画家意味着什么”，毕沙罗回答：“印象主义画家就是每一次都在画新的作品。”马蒂斯的下一个问题是：“那么谁是最具代表性的印象主义画家呢？”毕沙罗毫不犹豫地回答：“阿尔弗雷德·西斯莱。”①

① [俄] 娜塔利娅·布罗茨卡娅、尼娜·卡利蒂娜：《外国名家精读：克劳德·莫奈》，赵晖、曹子雄译，人民美术出版社2016年版，第88页。

Ⅲ

我在奥赛博物馆还真正“发现”了居斯塔夫·卡勒波特的艺术价值。

19世纪70年代莫奈等人聚集在塞纳河畔的小村庄阿让特伊作画，这是印象派运动的黄金时代。24岁的卡勒波特在这里认识了莫奈。

卡勒波特住在阿让特伊的一幢别墅内。一年前，在商务法院当法官的父亲给他留下了一笔巨额遗产，他可以靠吃利息过着滋润的生活。有段时间，卡勒波特在布格罗等学院派工作室学习绘画，他无法忍受刻板的教条，于是放弃了绘画，跑到阿让特伊玩水上运动。

见到印象派画家后，卡勒波特重新拿起了画笔，等到1876年举办印象派第二届画展时，他已经成为参展的画家。

在当时，卡勒波特起到了印象派组织者的作用，他向陷入财政困境的莫奈等人买画，而且是买那些他们“卖不出去”的作品，也就是其他收藏家看不上的画。

他还帮助印象派画家寻找展览的场地，等等。

但一直想成为印象派领袖的德加对此很不乐意，总是排挤卡勒波特。卡勒波特为人宽厚，很有教养，不跟德加一般见识。卡勒波特欣赏德加的才华，照样收藏他的画，而且数量还不少。

1904年，卡勒波特去世，雷诺阿是其遗嘱执行人。

早在1876年，卡勒波特设立遗嘱要将收藏品赠给国家，但提出的条件是“他捐赠的画作不得放在阁楼或外省的博物馆，应该进卢森堡宫，将来要进卢浮宫”。卡勒波特料到官方会拒绝他的要求，他告知其兄弟保存好画作，直至国家最终接受其遗赠。

卡勒波特遗留了60多幅作品，包括马奈、德加、莫奈、雷诺阿、塞尚、毕沙罗、西斯莱的作品以及两幅米勒的画作。

将近30年过去了，卢浮宫的美术部领导人还是认为“印象派”并没有被公众接受，不想要这些印象派的杰作。在雷诺阿和莫奈的努力下，卡勒波特的绝大部分收藏被政府接受了，但塞尚的作品被拒之门外，有的杰作也流失到其他博物馆。

这差点成了包括卢浮宫在内的法国政府的耻辱，因为如果这批遗作流散了，今天奥赛博物馆印象派的地位会大打折扣，比如，遗作中包括雷诺阿的《煎饼磨坊里的舞会》《秋千》《阳光下的裸女》《阅读者》和《弹钢琴的少女》等。

Ⅳ

我过去看过卡勒波特的画作，觉得不错，在奥赛博物馆看到真迹很惊讶，他画得非常好！

卡勒波特不像其他印象派画家，他不需要靠卖画维生，也不太注重自己作品的展示（其实在他34岁时就不再展出作品了），46岁的他英年早逝，其大部分作品都流入私人收藏家的手中，直到20世纪60年代，芝加哥艺术学院买了他的一幅《雨天的巴黎街道》，人们才开始真正关注这位杰出的画家。现在，他已被列入印象派大家，虽然他的作品不像莫奈、德加和雷诺阿那么炙手可热。

雷诺阿是知道老朋友的实力的，他把卡勒波特的《刨地板的工人》也作为遗产赠送给卢浮宫。现在这幅画成为奥赛博物馆的名作。

《刨地板的工人》在1876年展出后就被评论家认为题材“庸俗”。事实上，卡勒波特和德加有相似处，画风带有学院派的气息，但卡勒波特关注日常题材，观察劳作者的动作。

《刨地板的工人》，居斯塔夫·卡勒波特，1875 年，奥赛博物馆藏

画面被缩减为一场棕色和黑色的朴素游戏，显示出画家对材料的敏感，我们可以从中识别出他学习学院派的成果。作品第一眼看来朴实无华，其主要的角度之一存在于表面的精致游戏之中，被光包裹，但是从不会被歪曲。相反，光线在这里如同一名揭露者，揭示金属、木材或者皮肤的不同状态。卡勒波特在任何时候都不会被魔术师的把戏所迷惑，他只是想要抓住主题抽象的感觉，远离一切的无理由。材质的交替与动作的节奏相呼应，刨子下木板的细腻颗粒染上了肌肤的柔润，清漆将光线凝结，因此也变得透明起来——在原色和涂过清漆的地板条、坚硬冰冷的工具以及热情活跃的身体之间，画家不仅仅达到了形状的平衡，而且获得了感觉中的画面。①

① [法] 弗朗索瓦兹·巴尔伯·嘎尔：《读懂印象派》，王文佳译，北京美术摄影出版社2016年版，第196页。

《屋顶上的雪》，居斯塔夫·卡勒波特，1878 年，奥赛博物馆藏

这幅画旁边的《屋顶上的雪》也极好，描绘的是巴黎蒙马特地区雪天的屋顶，观察的视角可能是从高处的阳台往下看去，与传统的画法不同，色彩颇为冷峻，灰色为主调，色调的节俭与《刨地板的工人》具有异曲同工之妙。

奥赛博物馆还收藏有卡勒波特的《自画像》与《亨利·科迪尔肖像》等作品。

V

在卡勒波特之前，有一位与他一样，既是印象派的同道又是他们的财政支持者，此人正是弗雷德里克·巴齐耶（Frédéric Bazille，1841—1870年）。巴齐耶的父亲是埃罗省的参议员、富有的葡萄园种植园主。19世纪60

《即兴创作救护车》，弗雷德里克·巴齐耶，1865 年，奥赛博物馆藏

年代初，巴齐耶与雷诺阿、莫奈和西斯莱都是学院派画家查尔斯·格莱尔（Charles Gleyre，1808—1874年）的工作室的同学，1863年他们一起离开工作室，全身心投入户外写生中。

奥赛博物馆的展品记载了他们的友谊。有一次，莫奈的腿受伤，躺卧在床，巴齐耶画了一幅《即兴创作救护车》。

巴齐耶也是莫奈和雷诺阿的赞助人，他用家里给他的宽裕的膳食费帮助他们，巴齐耶还多次让两位画家住在自己的画室里，巴齐耶的《画室》就是这些朋友在一起的生动描写。这是巴齐耶位于巴黎贡达明街画室的一景，画面虽然描绘的是室内，但借着宽大的窗户射进画室内的光线，营造出明亮舒适的空间感。据说，画架旁的高个子就是巴齐耶，他对面赏画的一前一后两人是马奈和莫奈，手扶楼梯的是左拉，与左拉说话的是雷诺阿，那位弹琴的是音乐家艾德蒙。这是巴黎的文人雅聚，也是印象派美好时光的写真。

为了帮助雷诺阿，巴齐耶决定花2500法郎，以按月付款的方式买下他的《花园的女人》，雷诺阿却并不领情，认为巴齐耶出的钱不够多，拒绝卖给他。

像巴齐耶这么厚道的人，只适合活在太平盛世。1870年普法战争爆发，莫奈为了逃避入伍，溜到英国去了，而巴齐耶却在1870年11月28日死于博恩·拉·罗兰德之战，年仅29岁。他如果能活得长久，也应当是印象派巨匠。

《画室》，弗雷德里克·巴齐耶，1870 年，奥赛博物馆藏

《家庭聚会》，弗雷德里克·巴齐耶，1867 年，奥赛博物馆藏

巴齐耶作于1867年的《家庭聚会》是其代表作，画中别墅露台上的11人都是家族成员，最左边的是画家本人。

Ⅵ

保罗·塞尚有时被归入印象派画家，有时被归入后印象派成员，无论如何，他是现代艺术的巨匠。

塞尚与印象派的关系很有意思，他最早接触的是巴齐耶，因为巴齐耶那时正好与塞尚所见略同。巴齐耶是印象派中唯一一位从一开始就拥有那种有序的建筑式构图感的艺术家，他的作品可以说是塞尚后来画作的先声。可惜巴齐耶年纪轻轻就去世了。

塞尚对莫奈发起的户外阳光效果的色彩变化视觉研究不感兴趣，倒是毕沙罗成了塞尚的最后一位老师。“毕沙罗教会了他一种技术性方法：一切都经过事先推算，画家小心翼翼地向前推进，一步接一步，一笔跟一笔，直到达到预想中的、清晰可见的目的。”①

塞尚成熟期的画风不好理解，看似手法笨拙，乃至有些“丑陋”。

要理解塞尚的画风，就要记住他晚年时说过的一句话——“大自然的形状总是呈现为球体、圆锥体和圆柱体”，也就是说他喜欢以极其简单的几何形状来思考，他在任何时候总是被球体所吸引。

英国艺术史家罗杰·弗莱是这样描述奥赛博物馆塞尚作品《带姜罐的静物画》的：它呈现的是欢快和轻松的表情，“色调相对来说非常明亮，而其色彩在紫色与蓝色色调的相互嬉戏下几乎可以说辉煌夺目。在塞尚那里常见

《带姜罐的静物画》，保罗·塞尚，1888—1890年，奥赛博物馆藏

① [英] 罗杰·弗莱：《塞尚及其画风的发展》，沈语冰译，广西美术出版社2016年版，第80页。

的对比，例如淡蓝色与紫铜色的对比，这里也得到了强调，并贯穿于整个背景之中。在它的衬托下，水果的橙黄、青绿与红色呈现出不断增强的力度和新鲜感。与这一情调相适应，物体的形状显得骚动不安。在塞尚的画里难得一见的是，画中有不少较小且几乎等同的体量，似乎没有哪一个是重点”①。

在上一幅画旁边的是《静物：苹果和橘子》，弗朗索瓦兹·巴尔伯·嘎尔的《读懂印象派》中写道，桌布在尽力揽住水果，它们快要滚到皱褶里去了。背景里有织毯，旁边是刺绣的布，有它们挡着，这些水果不会滚得到处都是。水罐的根基不太牢靠，放水果的大碗有些倾斜，似乎不知道自己该是什么形状，蓝色镶边的盘子被苹果压得几乎翻倒。

画中的物体都在滑动，将要逃离这里，对放水果的碗威胁最大的并不是它可能会掉在地上摔个粉碎，而是它可能会变得失去形状。苹果努力维持自己美丽浑圆的外形，代价是要不断移动。画家给予自己犯错的空间，他柔和了绘画对象的轮廓，在应该是什么样子、实际是什么样子以及真正可能看到的样子之间找到一条中间路线。

桌布已经被处理过，翻转过，抛在那里，皱皱巴巴的，看上去不知道是什么材料做的，也失去了本来的形状。时间把它磨损成了不同的东西，一道强光倏地划过，让它们四散分离。而且，它也像是塞尚作画的画布本身。

Ⅶ

塞尚喜欢画苹果是出了名的，20世纪的艺术史家迈耶·夏皮罗对此的看法是：

① [英] 罗杰·弗莱：《塞尚及其画风的发展》，沈语冰译，广西美术出版社2016年版，第97页。

苹果是最适合塞尚描绘的对象，是大自然所能提供的所有品质中最吸引他的东西，因为他认为苹果与自己的天性相仿。在阅读他的朋友们对他的种种解释时，我情不自禁地想到，在他对苹果这种静物对象的偏爱中——这些对象坚实、简洁、圆滚滚的，是一种有着常见却又微妙的美的有机体，被包裹在皱巴巴的桌布里，堆在一览无余的桌面上，坚硬而空旷，像一座大山——存在着画家及其对象之间一种公认的亲缘性，是一则天才的、性格孤僻的男人的公开宣言：与上层阶级及其了无生气的文化相比，他在村民和家乡的风景中感到更加自在。①

塞尚长期对静物的沉思默想，或许还可以被看作是一种内向性格的游戏，他为他的再现艺术找到了一个客观领域，在那里他感到自足、从容、无所牵挂，不会被他人引起的冲动和焦虑所打扰，却能带来活色生香的感受。体态稳定，却总是处于不断的变化中，色彩强烈，而又能为那小小的、圆滚滚的形状提供精微的色调变化，塞尚的静物画成了艺术世界的典范，他在那孤独的桌面上小心翼翼地建立起这个世界，就像那些战术家们在指挥桌上通过摆布多变的玩具兵而展开想象中的厮杀。或者说，塞尚的静物画也可比作一局孤独的对弈，艺术家总是为他每次自由选择的棋子寻找最有利的位置。

Ⅷ

塞尚晚年画过不少于五幅以玩牌者为主题的作品，其中一幅《两人玩纸牌》收藏在奥赛博物馆。弗莱认为，塞尚肯定在家乡艾克斯的某个廉价咖啡

① [美] 迈耶·夏皮罗：《现代艺术：19与20世纪》，沈语冰、何海译，江苏凤凰美术出版社2017年版，第35页。

馆里研究过这个主题。对一个像塞尚那样敏感和易怒的人来说，那可能是唯一不会打搅他注意力的地方。那些农民并不在意他——他是个“当地人”，是一个大多数人认为与其说疯了还不如说无害的奇怪老头罢了。画人物画一直是塞尚的雄心所系，但画人物画的条件太令人心烦。画这类作品无疑是可能的，但只有当他找到非常顺从的模特儿的时候。在玩纸牌者的主题中，他似乎终于找到了这样的对象。

罗杰·弗莱在《塞尚及其画风的发展》中对另一幅与奥赛版非常近似的作品《两人玩纸牌》描述道：

《两人玩纸牌》，保罗·塞尚，1890—1895年，奥赛博物馆藏

在这里，他似乎最大限度地抛弃了一切不必要的东西，只留下其精粹。构图的简洁达到了这样的程度，甚至连乔托（意大利文艺复兴开创性画家）都有可能不会要求这样做。每一件可见之物都严格地平行于画面，人物看上去几乎像埃及浮雕般严格地显现于侧面，分布在中轴线上。这似乎得到桌子上的瓶子的再一次强调。是的，一旦接受了这一点，塞尚就采用一切手段来使它不那么具有毁灭性。中轴线被稍稍移置，其平衡则得到略微倾斜的椅背的矫正，两个男人的姿势也有轻微却富有意味的变化。但首先是诸平面运动的不断变化，轮廓线不断地调整，色彩的复杂性——塞尚独有的那种带点蓝、紫和绿色的灰色调衬出橙色与古铜红——最后是其畅快自由的笔迹，避免了一切僵硬的暗示。生动的感觉要比亘古的静寂和安谧更强有力，例如，玩纸牌者的双手就拥有某种物质的重量感，因为它们在安详中显得很放松，但它们又拥有毋庸置疑的生命力。[①]

事实上，这些人物拥有某些古代纪念碑式的分量、矜持和庄严。对我们来说，这间小小的咖啡屋经过塞尚妙笔生花的描绘，成为一个划时代的场所，人物的姿势和事件在那里达到了荷马式的静穆和崇高。

Ⅸ

奥赛博物馆中有一幅塞尚的《咖啡壶旁的女人》，主人公可能是塞尚在普罗旺斯的艾克斯公寓的管家布雷蒙夫人，她是一个40来岁的妇女，安静沉稳，身体结实，身材有点“圆”。布雷蒙夫人为塞尚管理公寓、料理家务，照顾他的一日三餐。对于塞尚而言，布雷蒙夫人不仅是个管家，她还是一个

① [英] 罗杰·弗莱：《塞尚及其画风的发展》，沈语冰译，广西美术出版社2016年版，第157页。

《咖啡壶旁的女人》，保罗·塞尚，约1890—1895年，奥赛博物馆藏

值得信任、谨慎、体贴的朋友，塞尚喜欢跟她讲话，向她讲述一天中的“大事”，让她分享自己的忧乐。而布雷蒙夫人，据曾经见过她的人说，她也很真诚地关心着塞尚。

弗莱用很学院派的口气解读这幅画：

塞尚毫不犹豫地在重复那些垂直线，以致达到这样的程度：将勺子和咖啡壶摆在直接面向他的位置，并通过一根将人物分为两半的对称的线条来强调女仆连衣裙的紧身效果。一切都被呈现正面，被摆在房门正前方，而这扇门本身也平行于画面，它看上去几乎是对文艺复兴以来画家们所广泛采用的、为了丰富其图案和增强图画空间的后退效果而发明出来的挑衅性放弃——绘画空间在后退，而每个局部都显得生机勃勃，它已经尽可能地远离了公式化的干涩与单调。值得注意的是双手的描绘非常简化，而房门表面却极尽变化之能事。这精确地说明了塞尚的一贯性，他感到造型序列必须在画布的整个表面被感觉到。[①]

X

奥赛博物馆二楼的一排隔间展出的是后印象和新印象派的作品。

新印象派画家是依据同时对比法则，绘制一些单纯的色点，让它们相互激活，也就是说，颜色的混合是在观众的眼中生成的，而不是在调色板上实现的。

新印象派的领军人物是乔治·修拉（Georges Seurat，1859—1891年）。夏皮罗认为，修拉的小色点绘制方法并非科学和客观化的，就像他对色调的

---

① [英] 罗杰·弗莱：《塞尚及其画风的发展》，沈语冰译，广西美术出版社2016年版，第143页。

选择一样，他的技术是强烈个人化的，如果离开他独特的方法，便无法拥有那非凡的色调之精致、狭窄色域中无穷无尽之变奏、活力与柔和之光泽，这些都赋予他的作品，尤其是他的风景画一种凝神静思的乐趣。离开了他独特的方法，我们再也无法拥有他那令人惊奇的图像世界，在那里，连贯的形式从分离之中得以建立，坚实的团块从精细色点的无尽离散中浮现出来——一种对观众来说乃是正在生成中的神秘。

尽管修拉的作品带有简洁性与风格化的特点，但他的艺术仍然是极端复杂的。他绘制巨大的图画并非为了表现自己，也不是为了坚持某一个单一的理念，而是为了发展一种仿效自然的丰富的图像。人们可以享受他的优秀作品，每一幅都是一个自足的世界，每一个片段都包含在大大小小的形状中、在各个部分的组合与连接中都有令人惊奇的创造，包括每一个色点。

修拉的艺术造诣对于如此年轻的画家来说是一个令人惊异的成就。在

《大碗岛》，乔治・修拉，1884—1886 年，奥赛博物馆藏

《马戏团》，乔治·修拉，1891 年，奥赛博物馆藏

31岁时——修拉1891年去世的年纪——德加和塞尚尚未显露他们的才华，但修拉在25岁画《大碗岛》时已经是一个非常成熟的艺术家了。除了庞大的、错综复杂的工作之外，令人注意的是历史性的成就，它解决了绘画中的一个个危机，并开启了通向新的可能性之路。修拉的成就建立在行将就木的古典传统和印象主义的基础之上，然后陷入僵局中，而且产生了自我怀疑。他的解决方案与同时期的塞尚是平行的，尽管是以另一种完全不同的性情与方法为特征，而且可能是在完全独立的环境下产生的。如果我们想推出一个对19世纪80年代后期的巴黎年轻艺术家产生重要影响的艺术家，他就是修拉。凡·高、高更和图卢兹－劳特雷克（Toulouse-Lautrec，1864—1901年）都受到他的影响。

在修拉晚期的作品中，他流连于巴黎最基本的大众娱乐中，表演者及其观众一起构成了他的主要题材，而他早期作品中的静止状态则让位于杂技演员和舞蹈者的运动。如今在他的图画中，相对于那种代表了安格尔的优美素描的平滑曲线，出现了一种带有棱角的、被刻画的和锯齿形的形态中的哥特式类型，带有滑稽的强调，并暗示着一种流行趣味。

修拉不仅被音乐厅、剧场门口和马戏团里的娱乐表演所吸引，他也同样钟情于在巴黎街头自我标榜的流行艺术，那些有着幽默的形式与字体的巨大海报。他在奥赛博物馆的名作《马戏团》中包含了几个来自当时海报上的人物，骑无鞍马的骑手的母题很可能受到“新马戏团”的彩色石版画的启发。

XI

新印象派的主力还有保罗·西涅克（Paul Signac，1863—1935年）和亨利－埃德蒙·克劳斯（Henri-Edmond Cross，1856—1910年）。

《井边的女子》，保罗·西涅克，1892 年，奥赛博物馆藏

西涅克的《井边的女子》“描绘的是西涅克住了十多年的海边小村庄圣特罗佩。以小色点排列出的碧蓝天空、碧蓝大海、黄色土地与草绿色和紫色影子等元素，在画布上维持着和谐的关系。画作的内容虽然是在海边村庄井边打水的现代女性，事实上运用了耀眼夺目的原色色点来分割画面，再次集结成面的同时，互补色之间不但非常调和，色彩本身的美妙也相得益彰”[①]。

“西涅克的绘画，与其说是将画家眼中所见的世界、也就是主题的面貌放到画布上，倒不如看成是以各种颜色的小色点拼凑而成的大色块，与大色块之间以某种形式在画面上维持着和谐的关系。如同画作《亚维农教皇宫》，画面中风景和建筑物的自然色概念消失了，眼睛陷入了色彩的游戏中。”[②]

克劳斯的《奥尔岛》“从前景中的木瓦岸边，观众的视线一直从海洋滑落到岛屿链条上，它的剪影高出红色的海平面。地中海世界无与伦比的绚丽的明亮光线通过色彩表达出来：画面的和谐展现了刺眼的高比例白色。相应的色彩区域相互竞争，包含了马赛克式的点状，大小从底部到顶部逐渐减小，这是对深度的环境的最后一次暗示，克劳斯的构图以被抽象的柔和触感

① ② 金荣淑：《手上美术馆2：奥赛美术馆必看的100幅画》，（中国台湾）城邦商业周刊2017年版，第129页。

为特征，这样，自然描绘的独立性和艺术的作品两方面都作为独立元素得以强调。”①

新印象派的“点彩”艺术，我早就知道，也看过不少图画，这次在奥赛博物馆，认认真真地看了，比我过去想象的要精彩多了，尤其是修拉和西涅克，不似他们宣传的“科学色彩”理论那般教条，有很强的个人风格与诗意。

《奥尔岛》，亨利－埃德蒙·克劳斯，1892 年，奥赛博物馆藏

① [德] 彼得·J.加特纳：《艺术与建筑：奥赛博物馆》，刘鑫译，中国铁道出版社2011年版，第371页。

第四章

奥赛博物馆（四）

后印象派的主要人物是凡·高和高更。凡·高的作品在奥赛博物馆二楼占据了很重要的位置。我最希望看到的是《罗纳河上的星夜》。在1889年6月他还画有另一幅《星夜》（纽约现代艺术博物馆藏），这幅似乎更有名。而奥赛博物馆的《罗纳河上的星夜》有它的安静之美，两幅“星夜”一动一静，有不一样的感觉。

I

后印象派的主要人物是凡·高和高更。

高更许多时间是在法国西部的布列塔尼度过的。布列塔尼属于凯尔特之地，据说四处闲逛时，无意间还会碰到一些古迹，像石器时代的都尔门、糙石巨柱、史前的石柱群，上面依稀可见绘图与象征的符号。高更觉得在这里可以找到“野性与原始”，“我爱布列塔尼——当我的木鞋在花岗岩土壤上回响时，我可以听到隐约的、沉重的、强而有力的声音，这正是我在画里所寻找的”①。

奥赛博物馆收藏的《美丽的安吉拉》的主人公是当地受人尊敬的阿旺桥市长的妻子，但阿旺桥居民和在此聚集的保守派画家都认为这幅肖像是对夫人的冒犯，安吉拉本人也拒绝了它。“通过将人物肖像放置在一个虚幻的光环中，高更将这幅肖像转化为布列塔尼的一种象征。模特穿着传统的布列塔尼服饰，人物脸部的造型、有意营造的粗糙感和面无表情使人想起布列塔尼的原始遗迹和生活在此远离文明的野蛮人。色彩装饰上的简化更加接近于当地色彩的构成（蓝色的海洋、一块块的绿色草地和花朵），这使高更的绘画风格进一步远离印象主义。在虚幻的光环外面有一尊来自秘鲁或东方或凯尔特奇怪的小型人偶像——这幅画体现了时间的神秘，同时也预示了日后高更在遥远的小岛上开发出的原始世界。”②

不过，也有人认为画作背景中的陶瓷出自高更的手，高更曾在一家陶瓷厂工作，在短短的一年中创作了50多件陶瓷品。

---

① [意] 加布里埃·克列帕迪：《高更》，许丹丹译，北京时代华文书局，2015年版，第56页。

② [俄] 娜塔利娅·布罗茨卡娅：《外国名家精读：印象主义和后印象主义》，刘乐、张晨译，人民美术出版社2014年版，第417页。

《美丽的安吉拉》，高更，1889 年，奥赛博物馆藏

Ⅱ

高更在奥赛博物馆有两幅名作，2017年夏天我去时没有展出，一幅是《舒奈格一家人》，它是高更受我们前面已经介绍过的德加的名作《贝莱利一家》的启发而作的。

高更与舒奈格是好朋友，后者家境不错，经常帮助高更。但舒奈格的妻子贪婪冷酷，高更不喜欢她，她也讨厌高更。画面中，舒奈格处在房间一角，很可怜。墙面全是蓝色，地面全是黄色，气氛压抑。德加的那幅画一家人表面上还过得去，高更的这幅画家庭氛围就显得冷酷了。

《舒奈格一家人》，高更，1889 年，奥赛博物馆藏

另一幅是《海边的大溪地女郎》。画中右边的人物是1891—1893年高更在大溪地的妻子杜芙拉。高更认识她时，她才13岁，两人整整相差30岁。据高更的说法，杜芙拉很有艺术品位，她很喜欢马奈的《奥林匹亚》，说画里的女子很美。高更以杜芙拉为模特，创作了多幅名画。

奥赛博物馆有两幅高更的《自画像》，第二幅作于1896年，当时他在塔希提岛，至此再也没回法国。画面中的他神情沮丧，因为生病吸食吗啡，与人讨论自杀。他给朋友写信道："从没有人愿意保护我，因为我现在一头撞在岩石之上，我被自己以前为之战斗的无情斗争折磨得心力交瘁、虚弱无比，我跪下，丢下我所有的骄傲，除了是个失败者，我一无所有。"①

《海边的大溪地女郎》，高更，1891 年，奥赛博物馆藏

① [德] 彼得 · J.加特纳：《艺术与建筑：奥赛博物馆》，刘鑫译，中国铁道出版社2011年版，第361页。

《自画像》，高更，1896 年，奥赛博物馆藏

《静物与曼陀铃》，高更，1885 年，奥赛博物馆藏

Ⅲ

凡·高的作品在奥赛博物馆二楼占据了很重要的位置。

我最希望看到的是《罗纳河上的星夜》。

《凡·高书信全集》（卷4）中记录到，1888年9月29日，凡·高在写给弟弟提奥的信中描述道：

这里附上一幅正方形的30号油画的速写——终于画好了星空，是在夜里借着煤气灯画的。天空呈碧蓝色，水是品蓝色，地面为淡紫色，小镇呈蓝色和紫色。黄色的煤气灯光、赤金色的倒影垂入水中，化成了铜绿色。大熊星座在碧蓝色天空的衬托下发出绿色和粉色的亮光，淡淡的幽光与煤气灯金色耀眼的光线形成了对比。

前景中有两位恋人彩色的小身影。

如果你喜欢《星夜》和《耕地》，我是不会感到惊讶的——与别的油画相比，它们显得更平静。

凡·高在1889年6月还画有另一幅《星夜》（纽约现代艺术博物馆藏），这幅似乎更有名。而奥赛博物馆的《罗纳河上的星夜》有它的安静之美，两幅“星夜”一动一静，有不一样的感觉。

《罗纳河上的星夜》，凡·高，1888 年，奥赛博物馆藏

《星夜》，凡 · 高，1889 年，纽约现代艺术博物馆藏

Ⅳ

1890年1月13日凡·高给提奥写信：

你说的关于临摹米勒的《夜》让我很高兴，我越是想这件事，越是觉得有理由把米勒没时间用油画创作的作品复制出来。所以，不管是画他的素描或是木刻画，那不仅仅是单纯模仿这样简单的事，这更像翻译成另一种语言，转换的是颜色，是黑白明暗对照的印象。通过这样的方法，我刚完成了三幅临摹拉维耶的《一天的四个时辰》的木刻画的作品。我花了很多时间，克服了许多困难才完成。①

奥赛博物馆的《正午：休息》（临摹米勒作品）是其中一幅。

凡·高临摹米勒的作品被收藏最多的是阿姆斯特丹的凡·高博物馆，这些画作看上去有力、漂亮，与米勒的原作和画风很不一样。

在凡·高去世一个多月前的1890年6月3日，他写信给提奥：

头上戴一顶白帽子，颜色很浅很浅。手是淡红色的，穿着蓝色礼服大衣。背景是钴蓝色的，他的手支着脑袋，靠在一张红色的桌子上，桌上有一本黄色的书，还有一株毛地黄，开着紫色的花。这幅画的情绪就像我离开（阿尔勒）到这里来的时候的情绪一样。②

① 荷兰凡·高博物馆、海牙惠更斯历史研究所编：《凡·高书信全集》（卷5），林骧华等译，上海书画出版社2016年版，第182页。

② 荷兰凡·高博物馆、海牙惠更斯历史研究所编：《凡·高书信全集》（卷5），林骧华等译，上海书画出版社2016年版，第244页。

《正午：休息》（临摹米勒作品），凡·高，1890 年，奥赛博物馆藏

《加歇医生》，凡·高，1890 年，奥赛博物馆藏

《自画像》，凡·高，1889 年，奥赛博物馆藏

这里提到了两幅画。第一幅与奥赛博物馆的《加歇医生》很像，只是缺了一本黄色的书。加歇医生是印象派画家的好友，当时在照顾凡·高。

第二幅则是凡·高创作于1889年的《自画像》，也在奥赛博物馆。凡·高说这两幅画的人物情绪是一致的，我们可以对比着看。

凡·高接着写道：

上周我在他（加歇）家给他画了两幅习作，都送给他了。一幅是芦荟、金盏花与柏树，上周日的是玫瑰、葡萄藤和一个白色人像。

我也给他19岁的女儿画肖像画，我想我可以很快和她成为朋友。[①]

还有两幅习作《加歇医生的花园》和《花园里的玛格丽特·加歇》也在奥赛博物馆，花园里穿白裙的少女当然是加歇19岁的女儿。

1890年6月5日，凡·高给妹妹威莱米恩写信，提到了奥赛的《奥弗的教堂》：

与此同时还有一幅大尺寸的乡村教堂——建筑物是浅紫色的，映衬着深邃而朴素的蓝色，是纯净的钴蓝，彩色玻璃窗看起来像群青的色块，屋顶是紫色的，还有一部分是橙色的。前景中有一处盛开的鲜花，还有几块阳光照耀下的粉红沙地。这和我在尼厄嫩的习作的景物如出一辙，在那里我画的是古塔和公墓。只不过现在的颜色可能更有表现力、更奢华。[②]

① 荷兰凡·高博物馆、海牙惠更斯历史研究所编：《凡·高书信全集》（卷5），林骧华等译，上海书画出版社2016年版，第245页。

② 荷兰凡·高博物馆、海牙惠更斯历史研究所编：《凡·高书信全集》（卷5），林骧华等译，上海书画出版社2016年版，第250页。

《奥弗的教堂》，凡·高，1890 年，奥赛博物馆藏

《花园里的玛格丽特·加歇》，凡·高，1890 年，奥赛博物馆藏

我印象中在阿姆斯特丹的凡·高博物馆见过凡·高1885年的《尼厄嫩旧教堂钟楼》（又名《农夫教堂墓地》）或类似的作品，那幅画的景色荒寒落寞，而且画艺没法与《奥弗的教堂》相比拟。

《加歇医生的花园》《花园里的玛格丽特·加歇》《加歇医生》《奥弗的教堂》和《花瓶中的玫瑰和银莲花》都是凡·高送给加歇的，奥赛博物馆藏品的最终源头也来自加歇或其后人卖给的同一个收藏家吧。

我很喜欢凡·高在生命最后时刻创作的作品，是画家的巅峰之作（我曾在拙作《阿姆斯特丹之光》中详细谈到）。

《加歇医生的花园》，凡·高，1890 年，奥赛博物馆藏

V

后印象派的图卢兹－劳特雷克是凡·高的好友，据说正是他推荐凡·高去法国南部寻找新的灵感，让凡·高的绘画境界突飞猛进。他总是维护凡·高的声誉，差点为此与人决斗。

劳特雷克是个侏儒残疾儿，当时人们以为他是在14和15岁时连续两次摔倒骨折导致的，其实内因是父母近亲结婚。他父母都是贵族，是表兄妹，他们彼此的家族一直有近亲通婚的传统，到了劳特雷克这里，自然无法延续下去了。

劳特雷克的母亲对他关怀备至，父亲却寻花问柳，认为儿子的艺术是“粗糙的素描”。劳特雷克临终前骂他父亲是“老傻瓜”。（另一个版本是：“爸爸，我知道你将不会错过死亡。”）

在艺术史上，劳特雷克最大的贡献是记录了19世纪末巴黎人的波西米亚生活情调。他在红磨坊等夜总会描绘歌手与舞蹈者的身姿，搭配以明亮的色彩，成为最早最有影响力的海报设计者。

他身材矮小，无论走到哪儿，总会引来异样的眼光与嘲弄，为此他忧郁至极，一到蒙马特，就养成了酗酒的习惯，他在当地名声很坏，据说他还发明了一种鸡尾酒，命名为“地震”，做法是用50%的苦艾酒、50%的白兰地酒，加冰块。时间一久，酒精逐渐侵蚀他的身体，最后送医急救，住进疗养院，但他依然继续喝。他随时会喝酒，拐杖里都藏着酒，36岁那年他在母亲的马尔罗梅庄园死去了。

劳特雷克的母亲一直在为儿子的艺术奔波，为了纪念他，在他的出生地阿尔比设立了图卢兹－劳特雷克美术馆。在法国，除了奥赛博物馆，收藏劳特雷克精品最多的地方就是那里。

Ⅵ

劳特雷克创作的比较特别的作品是《在床上》，寓意模糊。有人认为床上的是两个女人，一个要亲吻，另一个试图靠近她；还有人认为这是一对异性伴侣。

《在床上》来自劳特雷克经常出入妓院的经历，那里盛行女同性恋。“但在这幅作品里，劳特雷克首次采取了层次画法，远离情色的解读”①，“这幅画自然简单，没有恶意甚至没有尴尬感，画家用亲切的解读方式，使观者不会觉得是在偷窥她们的亲密时刻”②。

《在床上》，图卢兹－劳特雷克，1892 年，奥赛博物馆藏

①② [意] 西莫娜·巴托勒纳：《劳特雷克》，张梦佳译，北京时代华文书局2016年版，第60页。

《浴盆》，埃德加·德加，1886 年，奥赛博物馆藏

埃德加·德加在奥赛博物馆有一幅名作《浴盆》。“她弯着身子，姿态毫不优雅。画面以俯视角度由上向下看，没有任何赏心悦目的感觉。梳理台上的假发、梳子、发夹、水壶有凸出感，是真实观察的陈述。如果对照雷诺阿的裸女作品，德加笔下的浴女没有丰满肉体的魅力与美丽，反而举起扭曲的手臂，抬起右肩，背部形成如沟状黑影的肌肉动作。”①

劳特雷克也有一幅《盥洗室》，从这两幅画可以看出两人的区别。

德加是敏锐、冷静、观察的旁观者，劳特雷克则是融入其中的参与者。在画面布局上劳特雷克受到了德加的极大影响，从模特的姿势可以看出他持

① 何政广主编：《世界名画家全集：德加》，河北教育出版社2008年版，第107页。

有与以往不太相同的态度。劳特雷克的作品很少让观画者产生偷窥画中人的感觉，即使他画的是私密的瞬间。劳特雷克尽量避免从偷窥者的角度来创作，即使这幅画只是描绘了背影。如果说《浴盆》里的女人没有发现德加在看她，无意中摆出扭曲的姿态，却展现出美好的裸体；而劳特雷克所画的女人则察觉到了画家（还有观画者）的存在。①

《盥洗室》，图卢兹－劳特雷克，1896 年，奥赛博物馆藏

① [意] 西莫娜·巴托勒纳：《劳特雷克》，张梦佳译，北京时代华文书局2016年版，第116页。

Ⅶ

《跳舞的珍妮·阿弗莉》的主人公“尽管出生低贱但颇有文化内涵，超凡脱俗，非常潇洒活泼，天生有一种爆发力。她和劳特雷克是朋友，劳特雷克善于捕获舞者的本质，它完美地阐释了人物复杂矛盾的性格，使阿弗莉散发出一种难以抗拒的魅力。她身穿白色纱裙，头戴一顶奇怪的帽子，跳的是她最出名的舞步，抬起一条腿并左右摇晃，刻意在不经意中露出精心挑选的优雅内衣。劳特雷克为了将绘画主题分散开来，刻意选取了特别的视角，寥寥数笔就将画面的气氛晕染出来，凸显出阿弗莉跳舞时的动态和舞厅的氛围。背景采用了漫画式肖像画法，只描绘了两个人，但足以表现舞厅内观众的举止”①。

《跳舞的珍妮·阿弗莉》，
图卢兹－劳特雷克，
约1892年，奥赛博物馆藏

Ⅷ

纳比派形成于19世纪90年代，该派大多数成员是19世纪70年代前后出生的年轻艺术家，如皮耶·勃纳尔（Pierre Bonnard，1867—1947年）、爱德华·威雅尔（Édouard Vuillard，1868—1940年）和莫里斯·丹尼斯（Maurice Denis，1870—1943年）等。纳比在希伯来语中是“先知”的意思，这些艺术

① [意] 西莫娜·巴托勒纳：《劳特雷克》，张梦佳译，北京时代华文书局2016年版，第68页。

家大多学识渊博，有些人热衷于神秘主义，总结出一套以神秘与怪异为内容的美学。他们主要受日本版画和高更艺术观念的影响，主张舍弃透视法、深度及画面起伏引起的幻觉，强调平面效果，画面简洁清晰。

我最先深究的纳比派画家是勃纳尔。前几年，一家巴黎画廊的人告知我，有一位收藏家想出让一些画，第一幅就是勃纳尔的作品。我当时只是在美术史上看到过他的作品，谈不上熟悉，我只能认真研究有关他的各种画册。虽然没买成，但只要去欧洲博物馆，有勃纳尔的展品我总会留心看，这次到奥赛博物馆又看了他的大量作品，总算有些了解了。

奥赛博物馆收藏有勃纳尔1890年前期的杰作《槌球游戏》，这是画家第一件充分表达了纳比派观点和宗旨的作品。侯权珍的《世界名画家全集：勃纳尔》对此分析道：

这幅不包括天空的风景画，描绘的是日落西山的时刻，人物的身影渐渐融入树丛的暗绿色调中，这般封闭的空间感觉就像是室内而非风景画。

《槌球游戏》中包括了勃纳尔的父亲、妹妹安德瑞、妹婿特拉塞和可能是表妹夏德琳的女子，人物僵硬垂直的线条、平行与垂直的材质和三支球棍的笔直线条，将构图限定成紧密的形式结构。一旁蹲下来观测即将出球的男人和等着扑向滚进球门的球的小狗，和中央人物专注的神情更加强了对平面的掌控。这些如同紧绷的细线延伸过画面的隐形线条都是勃纳尔绘画结构中的必要元素，他让主题事物成为形式完整的一部分，也使得勃纳尔有别于纳比派的其他成员。勃纳尔创作了一件引人共鸣的神秘作品，主要人物皆被锁定在图画的某一时刻；在另一边，相对于槌球游戏者的静止姿势，五位年轻的女孩则在一旁高兴地嬉玩着。①

① 侯权珍：《世界名画家全集：勃纳尔》，河北教育出版社2010年版，第31页。

《槌球游戏》，皮耶·勃纳尔，1892 年，奥赛博物馆藏

Ⅸ

奥赛博物馆的一楼和二楼都有纳比派的展品。一楼有个展厅，大多是勃纳尔与威雅尔的作品，看上去他们的风格有混同的趋势。但二楼展室内，威雅尔的《床上》让人很是过目难忘。

陈英德等人合著的《威雅尔》介绍说：

《床上》一直保留在画家身边，很少公开，却是后来大家公认的纳比派及威雅尔的早期代表作。可能是描绘母亲或姐妹玛丽沉于睡眠中，身体全为被单遮盖，只留着闭着双眼的头部，这是大胆的纳比派构图，拒绝画面玲珑体积的表现，以平涂色面与简单线条勾勒形象。此为相当大尺寸的画幅（73×92.5cm），色调减至最轻，是黏土色与浅灰绿色的变调，只有头部及现出一半的法国室内壁上常悬挂的十字架，一个T字形，用了赭赫之色来提升画面的效果。这幅描写睡眠的画让人想到爱好戏剧的威雅尔受到梅特林克或易卜生象征主义戏剧幽隐意识的暗示，画面处理则有着高更与日本绘画的影子。[①]

《床上》，爱德华·威雅尔，1891 年，奥赛博物馆藏

① 陈英德、张弥弥：《威雅尔》，（中国台湾）艺术家出版社2004年版，第38－39页。

《女孩玩耍》，爱德华·威雅尔，
1894 年，奥赛博物馆藏

《询问》，爱德华·威雅尔，
1894 年，奥赛博物馆藏

左图：《保姆》，爱德华·威雅尔，1894 年，奥赛博物馆藏
中图：《交谈》，爱德华·威雅尔，1894 年，奥赛博物馆藏
右图：《红阳伞》，爱德华·威雅尔，1894 年，奥赛博物馆藏

奥赛博物馆一楼的侧廊还展示着威雅尔的五件装饰壁屏：《保姆》《交谈》《红阳伞》《女孩玩耍》和《询问》。这是画家受托以林荫大道大厦寓所内的客厅与饭厅做特殊装饰，绘制的名为《公园》的壁屏的一部分，它们描绘的是巴黎卢森堡公园或杜乐丽公园的景色。威雅尔运用制作剧院布景的胶彩，使画面有一种不发光、朴素又新鲜亮丽的效果，就像直接画在墙上一般。

这些壁屏画面给人一种时间静止的感觉，像是照片的瞬间摄影，而非时光逃逸的印象。这组宏大的作品见证了威雅尔自由释放和掌握大画的能力。

X

奥赛博物馆的《缪斯》是纳比派画家和理论家莫里斯·丹尼斯的代表作。何政广主编的《德尼：纳比派绘画大师》描述道，画中丹尼斯的第一任妻子玛特在前景中被以三位一体的方式呈现，后方有许多以玛特形象出现的女子在林间漫步，有着强烈的装饰性。传统的缪斯有九位，画中却有十位，最后一位缪斯女神藏身于远处的光芒之中，与正下方画家的签名连为画面之对称中轴线，暗喻画家自己的缪斯女神——玛特。向上延伸的粗壮大树与站立的缪斯女神相互交错，枝丫上青翠的树叶则与布满地面的叶形绘饰相呼应，成为柔软、充满变化的地毯，与玛特的洋装融为一体。艺术与自然、具象与精神——丹尼斯用最私人的语汇诠释最为大众的主题，表现了丹尼斯式的美学。

《永恒的夏日》这件四条屏，丹尼斯采用综合的媒体，以炭笔和铅笔起稿，用水性胶调和的不透明的浓彩在裱贴于屏风的木板与框架的纸张上作画。它“从左到右描绘了合唱、管风琴、四重奏与舞蹈的主题，整体上统一在粉绿色的柔和色调中，粉蓝、粉绿、粉紫的色调也与土黄的底色中和，在

《缪斯》，莫里斯·丹尼斯，1893 年，奥赛博物馆藏

《永恒的夏日》，莫里斯·丹尼斯，1905 年，奥赛博物馆藏

洁净的蓝色天空与白云的烘托下，绿色的植物与点缀的花朵为这片洋溢着舞蹈与歌声的夏日写下一段永恒的时光”[①]。

Ⅺ

修拉、丹尼斯和威雅尔等都受到了法国前辈象征主义画家皮埃尔·皮维·德·夏凡纳（Pierre Puvis de Chavannes，1824—1898年）的影响。

艺术史家夏皮罗评论夏凡纳凭借以往的艺术知识以及对纪念碑风格的追求，超越了他的学院派同伴们。但是夏凡纳的风格中太缺少自发性与激情，它是一个冰冷的理想主义的世界，在里面没有现实性和冲突的位置。

夏凡纳在意大利游学时，经过岁月洗礼的湿壁画让他感到神秘，充满对古代的缅怀。尽管他的壁画并不是湿壁画，而是以油画绘制，但他刻意想呈现湿壁画的褪色感，以先在画布上描绘后再贴上墙壁的方式来制作壁画。

《海边的少女》“线条干净清晰，暗淡的灰蓝色包藏着忧郁的内涵，给人以超越时空的感觉。画中的三个少女是以均匀的色调处理的，十分符合传统美感”[②]。

《海边的少女》，
皮埃尔·皮维·德·夏凡纳，
1879 年，奥赛博物馆藏

① 郑治桂等：《印象·左岸：奥赛美术馆30周年大展导览手册》，（中国台湾）典藏艺术家出版2017年版，第87页。
② Severine Cuzin-Schulte(2012), *Musée d'Orsay：Guide de Visit*, Paris: Éditions Artlys, P. 100.

《贫穷的渔夫》中“渔夫的头发和姿势，以及站在船舷上的他的双手扣在一起的方式，让人联想到戴荆冠的耶稣像。渔夫正在焦急地等待鱼进网，身后两个无忧无虑的孩子在摘花和睡觉。三人的色彩都是单调的，有明确的轮廓，他们的身体看上去像固定在那个位置上，这样就不会打破包裹着他们的悲伤世界的静止感。重要的是，和船相比，渔夫和他的家人身旁没有阴影。船的倒影让船看上去有两层。背景被仔细地装饰过，横扫画面的宽广的水域给了这幅画纪念碑式的感觉。整幅绘画的色彩主要是苍白的，浅色调的”①。

《贫穷的渔夫》，皮埃尔·皮维·德·夏凡纳，1881 年，奥赛博物馆藏

① [德] 彼得·J.加特纳：《艺术与建筑：奥赛博物馆》，刘鑫译，中国铁道出版社2011年版，第101页。

在经历了1870年法国战败、割地赔款的耻辱后，夏凡纳在1871—1872年画了《希望》。“在一片战火蹂躏过的焦土上，不能再耕作的碎石堆上坐着一位裸体的少女，她纯洁的面容与青春的体态出现在这片疮痍之地，清新的气息令人惊喜而不敢置信。她的身后是插满十字架的墓地，死亡的阴影尚未褪去，而希望的种子尚等待播种。这个眼神天真的纤瘦女子抬眼望向前方，她的周围从石缝中长出的各色小草点缀着细碎的小花，她伸出左手，握着一枝橄榄枝，在坡峦起伏的绿野中是颓废的家园，天际有一抹粉橘色的亮光，那是黎明的前夕，希望就在这位种下树苗象征青春的女神身上。”①

《希望》，皮埃尔·皮维·德·夏凡纳，1871—1872年，奥赛博物馆藏

① 郑治桂等：《印象·左岸：奥赛美术馆30周年大展导览手册》，（中国台湾）典藏艺术家出版2017年版，第83页。

Ⅻ

另一位法国象征主义大师奥迪隆·雷东的《闭眼》中的人物脸庞非男非女，在充满感性和神秘的纯净光芒之中慢慢地呈现出来。这幅画是雷东参考收藏在卢浮宫米开朗基罗的雕塑《濒死的奴隶》，并以妻子卡米耶为模特完成的作品。若将米开朗基罗作品中的“闭眼”解读为“从生命到死亡的回归”，雷东的“闭眼”则代表了“从现实到梦境”的移动。也就是说，“画作中的女人并非处于现实世界，而是处于虽然看不见但分明存在却无实质形体的另一个世界。水平线上的女人丧失了现实的存在感，蓝色的背景也没有解释女人到底是在哪个时空中”[①]。

《闭眼》的图片，我以前看过多次，见到真迹，还是惊喜，很耐看。

《阿波罗的凯旋之车》并不能直接看到号称“闪亮之星”的太阳神阿波罗，但大概能被理解为显现于这幅画右下角的光束之中。阳光在拉动战车的马身上的映射表达了光的强烈。

根据雷东另一幅相似的绘画的副标题，这幅画的主题可以称之为“光明对黑暗的胜利”，在黑暗的背景中可以看到一个怪物被阿波罗用箭射死。

如果说《闭眼》代表着1890年前后对颜色迟疑不决的胜利，《阿波罗的凯旋之车》则是雷东装饰性时期作品的高峰之一。

“碧绿色和蓝色的色调充满着整个背景，而在前景中占优势的则是棕色和黑色。阿波罗的外貌被分解成了黄色、橘黄色和绿色，马身用白色来绘制，怪物则用刺眼的绿色和光的白点凸显出来，这使得这幅画变成了令人惊奇的幻想世界。”[②]

---

① 金荣淑：《手上美术馆2：奥赛美术馆必看的100幅画》，（中国台湾）城邦商业周刊2017年版，第183页。

② [德] 彼得·J.加特纳：《艺术与建筑：奥赛博物馆》，刘鑫译，中国铁道出版社2011年版，第328页。

《闭眼》，奥迪隆·雷东，1890 年，奥赛博物馆藏

《阿波罗的凯旋之车》，奥迪隆·雷东，1910 年，奥赛博物馆藏

雷东1904年所作的《夏娃》仿佛是一件古希腊时代的女神雕像，夏娃有着壮硕丰满的躯体与安详的面容，她诞生在一个混沌初开的世界里。“画家一反传统油画的描绘方式，在夏娃的身躯上薄涂油彩，却在背景叠上浓厚的颜料，留下厚重的层次，这大异于油画绘制与营造肌理的传统技巧，也呈现了朦胧的梦一般的神秘。”①

《夏娃》，奥迪隆·雷东，1904 年，奥赛博物馆藏

① 郑治桂等：《印象·左岸：奥赛美术馆30周年大展导览手册》，（中国台湾）典藏艺术家出版2017年版，第81页。

XIII

奥赛博物馆收藏有大量精彩的象征主义作品，令人目不暇接。我对象征主义作品不熟，国内几乎没有这方面的书籍，只能靠自己参观海外博物馆慢慢积累经验。参观奥赛博物馆的困难之处在于它图画旁的解说往往是法文（这也包括卢浮宫在内的绝大部分法国博物馆），我连画名都没法看懂，更不要说画的文字解释了。

我认识的象征主义画家不多，除了上面几位，还有爱德华·蒙克（Edvard Munch，1863—1944年）、费尔南德·赫诺普夫（Fernand Khnopff，1858—1921年）、古斯塔夫·克里姆特（Gustav Klimt，1862—1918年）、爱德华·伯恩-琼斯（Edward Burne-Jones，1833—1898年）和亨利·卢梭（Henri Rousseau，1844—1910年）等。

爱德华·伯恩-琼斯也是后期拉斐尔派的主要人物。奥赛博物馆的《命运之轮》有着文艺复兴时期的大家波提切利和米开朗基罗的特点，这幅画的右边从上到下是奴隶、国王与诗人，左边是站立的女神，正在无情地推动着巨大的命运之轮。

《命运之轮》，爱德华·伯恩-琼斯，1875—1883年，奥赛博物馆藏

《战争》，亨利·卢梭，1889 年，奥赛博物馆藏

《战争》是画家作品中比较复杂的一幅，一个小女孩穿着纯洁无瑕的白色连衣裙，飞奔在荒凉的土地上，手握火炬和军刀，成为战争与复仇的拟人化象征。植被都枯死了，树木光秃秃的，躺在地上的人们已经死了，或是挣扎于最后的痛苦中，他们浅色明亮的身体成为鸟类捕食的尸体。地平线沐浴在闪烁的光线中，除了完全纯粹的形式——人物以一种不可能的姿势骑在马上，而云彩在绿松石色的背景上显出粉红色——提醒我们这是一幅儿童绘画，卢梭以一种令人印象深刻且具有说服力的方式表现出他对战争的独特观点。①

XIV

奥赛博物馆一楼侧廊的一间展厅里有些象征主义或难以归类的作品也极好，遗憾的是没有什么英文资料可以帮助我解读它们，仅凭借解说机，只能留下朦胧的印象，事后记不住。

① [德] 彼得·J.加特纳：《艺术与建筑：奥赛博物馆》，刘鑫译，中国铁道出版社2011年版，第338页。

奥赛博物馆新艺术展厅

二楼的各国新艺术展厅也是如此，展品令人眼花缭乱，非常出彩，可我只有直观感受，因为知识储备不够，所以没法像欣赏绘画那般追根溯源。

二楼的雕像主要是奥古斯特·罗丹、安托万·布德尔（Antoine Bourdelle，1861—1929年）和阿里斯蒂德·迈罗洛尔（Aristide Maillol，1861—1944年）的作品，关于罗丹的作品，我们会在罗丹博物馆叙述。

奥赛博物馆的一些其他杰作，我也会在“浪漫巴黎”系列中继续叙述，因为有些作品会让人触景生情，有更多的事情要说。

顺便一提，奥赛博物馆有两家餐厅，五楼餐厅的气氛似乎不错，不过我更喜欢二楼的餐厅，主要是食物很美味。

奥赛博物馆二楼餐厅

最后再举两幅画为例。

第一幅是《灰与黑的改编曲1号》（又名《画家母亲的肖像》）。这幅是美国艺术家惠斯勒的名作，2017年夏天我在奥赛博物馆的五楼还见过它，半年后它不见了。上次我看得特别仔细，里面的画作有什么变化，都能看出来。

据说惠斯勒与一名女模特约好到家里写生，但她迟迟未到，就让身边的母亲成为画中的主角。他们一起走到房子里光线最弱的地方，惠斯勒原来建议母亲站着，但是她已经67岁了，几天下来太累了，于是就改为坐姿。

《灰与黑的改编曲 1 号》，惠斯勒，1871 年，奥赛博物馆藏

惠斯勒作画很慢，这幅画绘制了三个月，母亲说她这段时间拒绝了所有的邀请，也没拜访朋友。

她选择穿丈夫死后服丧期间的黑衣服，以表达怀念丈夫之情。画家为了凸显此情此景，更在画里加重、延展了黑色的成分，比如窗帘、画框、椅子的用色。

据方秀云的《母亲的肖像——推动艺术摇篮的手》介绍，法国浪漫主义诗人戈蒂埃尝试探索艺术与音乐的特点与相通性，让惠斯勒模仿画作与音乐的结合，常冠之以“夜曲”“交响曲”与“和声”之类，显示出线条与色调的安排与质感，借以弱化画的叙事性。

所以，惠斯勒把这幅画以音乐命名，就是不希望观众把注意力放在画的内容与叙事上，强调线条与色彩的和谐。

第二幅画是乔凡尼·波尔蒂尼（Giovanni Boldini，1842—1931年）的《查尔斯马克斯夫人》。我不认识波尔蒂尼，只是2017年夏天在奥赛博物馆匆匆一瞥，觉得画中夫人的气质实在优雅，简直是惊艳。可惜画上面蒙着玻璃，反光，遗憾。

《查尔斯马克斯夫人》，乔凡尼·波尔蒂尼，1896 年，奥赛博物馆藏

Musée de l'
Orangerie
Les Nymphéas de Claude Monet . Collection Jean Walter et Paul

第五章

橘园美术馆（上）

橘园美术馆成立于1984年，它主要由两部分构成：艺术交易商保罗·纪尧姆的收藏和原来就在橘园的莫奈的《睡莲》组画。橘园美术馆的《树和屋》《红岩》和《在黑堡的公园中》体现了塞尚在其风景画中对建筑、风格化、缩略方式以及光色效果的追求。如果说莫奈和他的《睡莲》体现的是大自然的低语，那么塞尚呈现的则是静态的自然。塞尚用眼睛观察和记录周遭的一切事物，并将这些景物在脑海中进行内部建构，而非如莫奈一般将注意力付诸景物的细微变化中。

I

2017年夏天我从荷兰出发，经比利时一路来到巴黎，下午刚到，就赶去橘园美术馆（Musée de l'Orangerie），时间当然不够，最后是被管理人员“赶出”橘园的，不过，还是欣赏到不少好画。

橘园美术馆成立于1984年，它主要由两部分构成：艺术交易商保罗·纪尧姆的收藏和原来就在橘园的莫奈的《睡莲》组画。

纪尧姆宛若脱胎于巴尔扎克的小说中，他堪称艺术界的拉斯蒂涅，是一位天生的商人，也是一位出色的社会名流。1924年他给毕加索写了一封信：“三点半或者四点左右你会在工作室里吗？我想趁着这段宝贵的时间前来向您致意。因为今晚我要和杜梅格先生共进晚餐，明天要和美国大使一起狩猎，后天还要和威尔士王子一起玩贝洛特牌。所以，您看我的空余时间不多。您恭顺的学生保罗·纪尧姆。”[①]从这种戏谑、讽刺、漫不经心、淘气但又含些许恭敬的语气中，我们难以想象15年之前出身简朴的纪尧姆还在为汽车经销商打工，尽管他售卖的是豪车，但是他离与法国总统聚餐或与美国大使狩猎差得太远了。

纪尧姆在与橡胶承包商的交谈中发现了非洲艺术，他的社会地位也因此快速上升。20世纪初期，正值非洲艺术开始风行之时，狂热的情绪很快蔓延到整个巴黎。在此之前，纪尧姆就已经收集了一些护身符，并组织各种展览，让非洲艺术为更多人所知晓。

纪尧姆是个有远见的人，他得到了著名诗人阿波利奈尔的大力支持，这位艺术商的才智、直觉和精明获得了切实的肯定。1917年，他们一起筹备了

① Laurence Madeline(2017): *Musée de l'Orangerie: The Walter-Guillaume Collection and Claude Monet's Water Lilies*, Paris: Scala Éditions, P. 9.

“首部黑人雕塑集”，在展览中，他们共同为非洲艺术和先锋艺术之间建立起了密切的联系。先锋艺术家们在巴黎的蒙马特和蒙巴纳斯附近的创作难以为继，纪尧姆居住在蒙马特时，很可能和这附近的画家相处过一段时间。阿波利奈尔直接带纪尧姆走进了艺术的核心，之后纪尧姆便开始做起了生意，代理销售了一批顶级的先锋艺术家的作品。

第一次世界大战落下帷幕时，阿波利奈尔去世了，纪尧姆这位年轻艺术交易商的画廊只能在挣扎中求生存。这时，他遇见了富有的收藏家、美国医生巴恩斯，他不仅给纪尧姆带来了运作资金、赞誉与关系网，更促使他快速成为有实力的收藏家。

当时，法国政府的艺术部位于巴黎卢森堡博物馆内，对印象派和先锋艺术派不以为然，认为他们的作品没有收藏的价值。纪尧姆则对法国政府充满了蔑视和不信任感，他密切关注立体主义和未来主义之类的先锋艺术运动，帮助一些重要的艺术作品在法国境外传播，并承诺建造一座崭新的现代艺术博物馆。

但纪尧姆在1934年10月英年早逝，妻子朱丽叶继承了他的遗产。朱丽叶在1920年与纪尧姆结为夫妻，与丈夫一样是世故老练的人，也是丈夫的贤内助。

朱丽叶靠卖画度日，其中大部分画都是其1941年再婚后售出的。此后她又购买了其他作品，其中有些作品的价格还颇为高昂，尤其是印象派画家的作品，直至她1977年去世。

Ⅱ

从橘园美术馆展室的布置格局也可以看出，画家安德烈·德朗（André

Derain，1880—1954年）与纪尧姆夫妻的关系最为密切。

由于纪尧姆当时还太年轻，他错过了德朗开启的绝妙的野兽派画风。画商沃拉尔和卡恩维勒很早的时候便成了德朗的代理人，但纪尧姆在德朗事业的成熟期成功地担任了他的艺术交易商。此外，早在1916年的时候，由于卡恩维勒流亡瑞士，纪尧姆在阿波利奈尔和爱丽丝·德朗的协助下，在位于米罗梅斯尼勒街的画廊中首次举办了德朗的作品展。

德朗自第一次世界大战开始时便投入战争中，他对战争既感到厌恶又感到精疲力竭。德朗在1920年的时候再次拿起了画笔，继续与卡恩维勒一起工作。1921年德朗告诉卡恩维勒，他想获得自由之身，1923年纪尧姆便成了他的新任艺术交易商。正如德朗本人所言："如果说我在战后取得了多么大的成就的话，那可能是因为我画出了奥秘世界的冰山一角吧。"[①]画家和艺术交易商均希望能够从这股热潮中，从这"奥妙的世界"中攫取一些收益。德朗开始驾驶大汽车，还买了一栋别墅，纪尧姆则将德朗的作品四处推销，同时宣称："物质上的成功和高额的利润对画家来说乃是一种道德危险。"

纪尧姆收藏了30幅德朗的作品，与他担任德朗艺术交易商的时间相吻合。

Ⅲ

我们可以从两幅画来看看纪尧姆与德朗之间的关系。一幅画是《保罗·纪尧姆肖像画》，这是一次重要但比较中性化的尝试。另一幅《小丑和皮埃尔》则可以说是德朗的代表作，画中的人物更是耐人寻味。

---

① Laurence Madeline(2017): *Musée de l'Orangerie: The Walter-Guillaume Collection and Claude Monet's Water Lilies*, Paris: Scala Éditions, P. 68.

20世纪20年代早期，不少德朗同辈艺术家的作品中都出现了《即兴喜剧》中的人物。《即兴喜剧》是一部苦情戏剧作品，剧情与死亡或变形有关，人物形象、姿势与魔术有着错综复杂的关系，穿着多格服装的小丑打扮成墨丘利先生的模样，是从事魔术转化的灵魂人物。第一次世界大战前以及战争期间，毕加索和胡安·格里斯（Juan Gris，1887—1927年）创作的立体主义画中均出现过这种人物的形象。20世纪20年代，格里斯的创作中出现了皮埃尔与月亮之间的神秘关系，格里斯和毕加索的作品在构图、人物姿势以及色调上显现出文艺复兴的影子，他们将《即兴喜剧》中的人物与拉斐尔、乔凡尼·贝利尼等文艺复兴画家的画作融合在一起。德朗的《小丑和皮埃尔》正是依此而作。

《保罗·纪尧姆肖像画》，安德烈·德朗，1919年，橘园美术馆藏

这幅画无疑带有苦情意味。虽然画中二人跳着舞，但他们忧伤地看着下方，令人想起《哀悼》或《下葬》。人们常把这幅画和17世纪法国杰出画家华托的作品相提并论，两者在表现忧伤寂静的思绪方面颇有相似之处。然而，尽管此前德朗依照华托的《即兴喜剧》临摹过一幅画，但它们在风格上并没有直接的联系。色调朴实，光线强烈，背景光秃，构图简单，与法国画

派相比，这幅画更接近17世纪西班牙绘画风格，这种画风在德朗同期的静物画中也有所体现。

画中人手持发不了声的无弦乐器，甚至连前景中的小提琴都是没有弦的。16世纪的法国古典学者阿尔西阿蒂认为有弦乐器带有静默的意味，所谓的有弦乐器一般指鲁特琴和小提琴。这位古典学者在诗中写道：“人不弹奏乐器，便无从辨别他到底是白痴还是博学之士。”附言中他还将此与柏拉图

《小丑和皮埃尔》，安德烈·德朗，约1924年，橘园美术馆藏

的名言联系在一起："正如叩击砂锅的拉环便能知道砂锅的质量如何一样，从一个人的言语中，我们也能知道他的品格到底如何。前景中的静物融合了这两种图案，甚至连《小丑和皮埃尔》里的风景都有可能是为了强化画面的静默感而存在的，之所以有此论断是因为这个地方非常荒芜，连一个听众也没有。"[①]德朗的笔记涉猎广泛，他曾记下了有关欧洲文化的内容，并表示：有些人生活的地区干燥、炎热、光照强烈，而且是南方那种一个影子都看不到的平原地区，要是他们不与山区和暴风雨地区的人们互相交流的话，他们就永远无法理解自己的语言。

德朗一直非常清醒地意识到他本人的艺术风格和亲密的诗人朋友的风格之间存在差异，这可能就是他在画中表现出静默之思的原因吧。20世纪20年代，德朗画中的音乐家、小丑和跟在他们后面的"吉卜赛人"手上均持有无弦的乐器。然而，《小丑和皮埃尔》之所以无法开口说话，可能是意味着将死亡之舞的意象进行延拓，引向因无法过上充实的生活而走向死亡。如果把这幅画当成肖像画，这种考量倒是在理，事实上皮埃尔似乎就是纪尧姆的肖像画，我们可以对比《保罗·纪尧姆肖像画》。

德朗对构图稳定化的研究为这则古老的题材赋予了新的意味，而稳定化的构图与二人的动态是完全相悖的。与明快的题材截然不同，绘画作品的可读性、平衡性以及表达上的极简性均给同时代的人们带来了冲击。当时有评论认为："也许这幅画是我们这个时代唯一一幅能够和16世纪意大利艺术家们相抗衡的作品。"[②]

① Jane Lee(1990), *Derain*, Oxford: Phaidon Press Limited, P.95.

② Laurence Madeline(2017): *Musée de l'Orangerie: The Walter-Guillaume Collection and Claude Monet's Water Lilies*, Paris: Scala Éditions, P. 70.

Ⅳ

《纪尧姆夫人肖像画》，安德烈·德朗，约 1928 年，橘园美术馆藏

与丈夫的肖像画挂在一起的《纪尧姆夫人肖像画》创作于1928年，是这一时期最佳的肖像画。主人公身上披着衣服，摆出法国19世纪伟大的画家安格尔肖像画中罗马贵族般的姿态，与德朗早些年创作的严肃的古典女子的形象相去甚远。纪尧姆夫人的身姿略带倾斜，画家以棱角分明的笔法描绘了人物剪影，衣物的褶皱、帽子宽大的弧形线条和稍稍呈弧形的唇、眼以及时兴的弧形眉毛均呈现出节奏感，肉色颜料使脖颈和手臂呈现出柔软感。轮廓鲜明的物体分割了背景，而且框定了纪尧姆夫人的坐域，而暗色的波浪形天鹅绒窗帘以及墙上经过泡沫化处理的习作《小丑和皮埃尔》则使物体鲜明的轮廓看起来更为柔和。

Ⅴ

橘园美术馆还有德朗的名作《美女模特》《厨房桌面》《裸体和水罐》《大树》与《路》。

《美女模特》受到了雷诺阿的启发，但细节之处，如泡沫化处理，似乎源于雷诺阿从17和18世纪的法国画家弗拉戈纳尔和布歇那里借鉴到的素养。德朗如此写道："雷诺阿回归了本源，回归到愉悦世俗的18世纪，文雅亦不失炽热地徜徉在善意、忧郁、温柔而又忠于感官享受的人类本性中。"[①]

① Jane Lee(1990), *Derain*, Oxford: Phaidon Press Limited, P.60.

《美女模特》，安德烈·德朗，1923 年，橘园美术馆藏

《厨房桌面》亦表明德朗已经回归到伟大的传统中。在博物馆中我们不难想起众多艺术家——自17世纪的荷兰大师们到马奈和塞尚，更不必说夏尔丹了。然而，这幅画在工具的选择、构图的严谨以及观点上，似乎对毕加索在20世纪初期立体主义的装饰风格进行了冷漠而谦逊的回应。

《厨房桌面》，安德烈·德朗，约1922—1925年，橘园美术馆藏

《裸体和水罐》的画风温和平淡而又冷漠，其以含蓄而素净的风格与毕加索创作的纪念碑式裸体人像形成对比。它的“质朴”让人联想到19世纪的法国画家库尔贝，德朗颇为喜爱库尔贝，他曾经说过：“库尔贝是唯一一个自始至终保有完美和纯粹的人，他摒弃了条条框框，直接从自然中汲取养分。他是一个‘真正的画家’。”[①]

《裸体和水罐》，安德烈·德朗，约 1921—1923 年，橘园美术馆藏

德朗原来的经纪人卡恩维勒曾写信给德朗：“我在福宝大道看到了你画的裸体人像，那感觉就像在黑暗的房间被一只光秃秃的灯泡吓到一样。我很喜欢这幅画，请帮我留下来。”[②]但还是被纪尧姆捷足先登，收藏了这幅画。

《画家的外甥女》也受到库尔贝风格的影响，尽管在题材上显得非常精巧，但该作品仍秉承严谨的现实主义风格。画面结合了柔和与严谨的风格，精准冷漠的绘画手法以及相对忧郁的氛围使作品带有20世纪杰出画家巴尔蒂斯（Balthus，1908—2001年）的味道。巴尔蒂斯和德朗相熟，德朗也在1936年为巴尔蒂斯绘制过一幅肖像画。

---

① Jane Lee(1990), *Derain*, Oxford: Phaidon Press Limited, P.60.

② Jane Lee(1990), *Derain*, Oxford: Phaidon Press Limited, P.100.

《画家的外甥女》，安德烈·德朗，1931 年，橘园美术馆藏

《路》描绘的是普罗旺斯艾加里镇的小路，这条路通往圣雷米。德朗曾多次为艾加里地区作画，当地绿色的农田和裸露的岩石对德朗颇有吸引力。这幅画是德朗最夺人眼球的一部习作，他刻画了普罗旺斯强烈的光照，也表明他对塞尚和法国19世纪下半叶的风景大家柯罗始终兴趣满满。路面作为画面的基础斜切而入，而柯罗在沃尔特拉停留时创作的绘画作品则为整体画面提供了创作基础。

《路》，安德烈·德朗，1930—1931 年，橘园美术馆藏

德朗在刻画这座新兴城镇时，从前景中一系列水平阴影以及中远处的处理中均可窥见德朗绘画手法之审慎，这意味着德朗对塞尚的远景构图模式已经有了充分的了解。

Ⅵ

《艺术家之子肖像画》，保罗·塞尚，1881—1882年，橘园美术馆藏

在纪尧姆梦想成为艺术交易商之前，保罗·塞尚已经去世。为了能够接近塞尚的作品《艺术家之子肖像画》，纪尧姆不得不与著名的安布罗斯·沃拉尔接触，沃拉尔是第一个对这位艾克斯艺术家（即塞尚）的作品富有信心的人，也是首位长期持有塞尚作品并将之作为非卖品的收藏家，此后塞尚的作品才渐渐受到艺术爱好者和博物馆的追捧。

纪尧姆并非只从沃拉尔处购买塞尚的作品，事实上，根据其中15幅塞尚藏品的历史看，人们发现这位艺术交易商似乎是根据市场机遇来四处搜罗塞尚的作品。

虽然纪尧姆的妻子朱丽叶出于疏忽将塞尚的巨作《浴者》售出，但她还是高价购买了多幅塞尚的作品。

纪尧姆还为那位美国医生、收藏家巴恩斯效力，帮他获得了塞尚最伟大的作品《休息的浴者》和《大浴者》。

目前橘园美术馆展示了塞尚作品的方方面面，《草地上的午餐》构图复杂，参考并融合了马奈的作品，同时也超越了马奈的作品（现在的标题直接参考了马奈的名画，此标题不太可能是塞尚自己起的）。马奈和塞尚的这两幅画均参考了威尼斯画派的风格，尤其是提香的《田园合奏》。这幅画印证了塞尚的追求——“要像普桑那样作画，但要取法自然”[①]。

橘园美术馆的《树和屋》《红岩》和《在黑堡的公园中》体现了塞尚在其风景画中对建筑、风格化、缩略方式以及光色效果的追求。

《草地上的午餐》，保罗·塞尚，1876—1877 年，橘园美术馆藏

① Laurence Madeline(2017): *Musée de l'Orangerie: The Walter-Guillaume Collection and Claude Monet's Water Lilies*, Paris: Scala Éditions, P. 22.

《树和屋》，保罗·塞尚，1885—1886年，橘园美术馆藏

《树和屋》中树干和枝丫构成了一道帘幕，将房屋建筑衬托在其身后。塞尚将树木与坚实的田园建筑互相融合，使构图看起来更为紧凑。

19世纪80年代中期以后，塞尚开始将目光聚焦到大自然的鬼斧神工上——包括高耸的松树、迷人的圣维克多山、黑堡附近的岩层，以及比贝姆斯采石场中的人工建筑——凝固在一片原始混沌之中的景象。塞尚依照上述的黑堡和比贝姆斯采石场绘制了《红岩》和《在黑堡的公园中》这两幅作品，它们均反映了艺术家关注的焦点。如果说莫奈和他的《睡莲》组画体现的是大自然的低语，那么塞尚呈现的则是

《红岩》，保罗·塞尚，约 1895 年，橘园美术馆藏

《在黑堡的公园中》，保罗·塞尚，1898—1900 年，橘园美术馆藏

静态的自然。塞尚用眼睛观察和记录周遭的一切事物，并将这些景物在脑海中进行内部建构，而非如莫奈一般将注意力付诸景物的细微变化中。

纪尧姆收藏了塞尚的三幅肖像画：《艺术家之子肖像画》《花园中的塞尚夫人》及《塞尚夫人肖像画》。它们反映了艺术家本人艺术风格的发展过程，他的艺术风格中个人主义和人格化因素逐渐减少，形式化分析则逐渐增多，尤其是在《塞尚夫人肖像画》中，形式化分析取代了肖像画的概念，抛弃了传统指导原则对于相似感的要求，从而赋予人物冷酷之感，并将立体主义思想近乎完整地融入其中。

《花园中的塞尚夫人》，保罗·塞尚，1879—1882年，橘园美术馆藏

《塞尚夫人肖像画》，保罗·塞尚，约1890年，橘园美术馆藏

Ⅶ

纪尧姆并未担任过雷诺阿的艺术经纪人，自19世纪70年代早期开始，雷诺阿先是和杜兰德·鲁埃尔合作，雷诺阿对他的忠诚度一直很高，最后一位是沃拉尔，画家直到去世前都和沃拉尔保持着密切的关系。纪尧姆当时过于年轻，根本没资格接触雷诺阿的经纪事业，而且当时雷诺阿正处于盛名之巅，遗世独立地住在位于滨海卡涅（“库勒特”）的家中，这里与纪尧姆所活跃的巴黎现代艺术圈相距甚远。因此，纪尧姆只能通过间接的方式来收购雷诺阿的作品。

纪尧姆收藏的26幅雷诺阿作品大多数是从沃拉尔处购得的，数量可观，表现出他对这位前辈大师的仰慕之情。怀有同样热情的还有收藏家巴恩斯。此外，纪尧姆的妻子也紧随其后，她独自购买了《两个小女孩的肖像》和

《两个小女孩的肖像》，雷诺阿，约 1890—1892 年，橘园美术馆藏

《弹钢琴的伊冯娜和克莉丝汀》，雷诺阿，1897 年，橘园美术馆藏

《弹钢琴的伊冯娜和克莉丝汀》，后者与《弹钢琴的少女》相呼应。

纪尧姆可能在沃拉尔处购买了《弹钢琴的少女》，关于这一主题，雷诺阿共有五个变体版本，均创作于1892年，其中一个版本在奥赛博物馆，我们在前面的章节中已有分析。

《加布里埃尔和让》中，怀抱小孩子的是雷诺阿的妻子阿琳的表妹加布里埃尔，在1914年结婚前她都是画家最喜欢的模特儿，她年仅16岁就受雷诺阿的聘用，帮助阿琳照顾孩子和分担家务。

让是雷诺阿的第二个儿子，他出生时雷诺阿已经53岁了，让后来成了著名的导演。让经常出现在父亲的画中，吃饭、玩耍、读书……展现其天真无

《加布里埃尔和让》，雷诺阿，1895—1986 年，橘园美术馆藏

邪的一面。

橘园美术馆中雷诺阿的裸体画有《长发浴女》《侧倚裸女》和《坐着的裸女》。

描绘风景中的裸体女性是雷诺阿自年轻时就经常选用的主题，随着年岁的增长，再次描绘这一主题时，雷诺阿的技艺更见成熟且动人，《坐着的裸女》体现的“古典风格”也较初期创作更为显著。

《坐着的裸女》主要受到了18世纪著名画家布歇的影响。雷诺阿曾坦承布歇的《浴后的戴安娜》是第一幅打动他的作品，此后，他一生都像对待自己的初恋一样仰慕布歇。“布歇无疑是最了解女性身体的画家之一，他笔下所描绘的少女的臀部和若隐若现的股沟，充满魅力且十分迷人。”①

《长发浴女》等一系列描绘性感裸体浴女的油画标志着雷诺阿的绘画风格进入了一个新的阶段，即“珍珠时期”，明快闪亮如珍珠般的润白色调是雷诺阿这几年创作的特点。此时，画家已经将自己画风中复杂多样的表现手法作了高度的融合——印象派的轻盈灵动、从塞尚那里汲取的壮丽形象、对文艺复兴古典大师的仰慕以及小时候绘制瓷器时学到的精细装饰。

“出浴的女子——永恒的或现实的、姿态典雅而又同样具有现代感——舒展着柔软的身体，置身于自然的环境中，而自然的环境也似乎应和着她们内心宁静的姿态。”②

《侧倚裸女》则呈现出一个古典风格的裸体人像，受安格尔的启发，画中裸女的举止颇有东方风韵，画面兼具肉欲和永恒的古典主义风格。

① [意] 西莫娜·巴托勒纳：《雷诺阿》，王苏娜译，北京时代华文书局2015年版，第114页。
② [意] 西莫娜·巴托勒纳：《雷诺阿》，王苏娜译，北京时代华文书局2015年版，第124页。

《坐着的裸女》，雷诺阿，1883 年，橘园美术馆藏

《长发浴女》，雷诺阿，约 1895 年，橘园美术馆藏

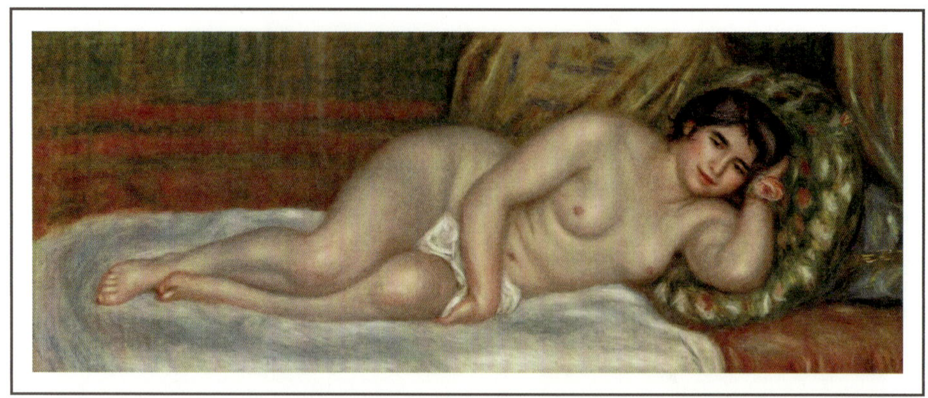

《侧倚裸女》，雷诺阿，约 1906 年，橘园美术馆藏

Ⅷ

亨利·卢梭在生前就为纪尧姆身边的艺术圈所接受，但纪尧姆是在卢梭1910年去世的10年后才对他的作品真正感兴趣，所幸当时卢梭的画价仍然不高。

最后纪尧姆收藏了9幅卢梭作品，这在法国收藏界极为少见。

《婚礼》中新娘右边留着胡子的人可能是卢梭本人的自画像，除此之外，我们无法得知画中的其他人物究竟是谁，但我们可以轻易地辨认出《尤尼埃马车》中人物的身份，这些人是画家的邻居，他们在维钦托利街经营着一家杂货店，杂货店位于佩雷尔街街角处，画家当时正居住在这里。尤尼埃是一位驯马师，他手持缰绳驾驭着母马洛萨，画家卢梭坐在尤尼埃的旁边，坐在他们身后的则是尤尼埃夫人、尤尼埃的母亲以及他的侄女丽娅。这幅画无疑是应尤尼埃的要求而绘制的。有人回忆道："卢梭'拍下'了街坊邻居中所有的店主，用他们的商品即可购得这些画作。"[①]这幅画依据他们外出旅

① Laurence Madeline(2017): *Musée de l'Orangerie: The Walter-Guillaume Collection and Claude Monet's Water Lilies*, Paris: Scala Éditions, P. 55.

《婚礼》，亨利·卢梭，约 1905 年，橘园美术馆藏

行时拍摄的三张照片创作成的，画家直接对照片进行了修改并加入了一些装饰性细节，此外又添加了一些人物。

毕加索曾经的一位伴侣说道："卢梭的油画和他用来临摹的照片之间并没什么差异。"①

《婚礼》十有八九也是根据专业工作室摄制的照片绘制成的。卢梭为了描绘出僵硬的画面感特地创作了这些植物图景，这幅作品宛如一幅拼贴画，包含了日常生活，也包含了不可思议的怪诞画面。

《尤尼埃马车》，亨利·卢梭，1908 年，橘园美术馆藏

① Laurence Madeline(2017): *Musée de l'Orangerie: The Walter-Guillaume Collection and Claude Monet's Water Lilies*, Paris: Scala Éditions, P. 55.

事实上，橘园美术馆的在展作品中已无法看到卢梭艺术中不可思议的一面了，没有残忍的动物在丛林中互相将对方撕扯成碎片的场景，也没有野兽胁迫女巫的场景，馆中仅有三幅大型肖像画和一些风景画。

卢梭喜欢绘制平淡无奇的城市风景画，这些极度平淡的景物具有非常重要的意义，印象派风景画通常会美化工业化以及城市化的冰冷现状，而卢梭不同，他用简单的笔触描绘这些景物，仿佛它们正在经历着什么重大的变化。伯纳德、凡·高和西涅克等后印象派画家在其构建的世界里仍保留了一丝怀旧的苦痛，与他们不同的是，卢梭绘画景物时喜欢描绘出它们原本简单的样子。《椅厂》和《四渔民风景画》有共同之处，画面并没有表现出一丝

《椅厂》，亨利·卢梭，1897 年，橘园美术馆藏

《四渔民风景画》，亨利·卢梭，1909 年，橘园美术馆藏

和谐感，正是由于卢梭的笨拙和谬误，他才能成功地表现出在当时看来是全新的现代艺术形式。卢梭生活在20世纪早期，他的天真和热情令他非常关注当代生活的细节（大烟囱、软式飞艇、气球以及威尔伯·莱特的双翼飞机），他在作品中体现出这些细节，而非以先入为主的观念对此进行创作。

卢梭还是一个充满梦想和幻想的人，时刻准备接受他人委托的冒险事业——这与他海关关税员的身份相去甚远，这就是《暴风雨中的船》想要表

《暴风雨中的船》，亨利·卢梭，约 1899 年，橘园美术馆藏

达的意境，要是阿波利奈尔没在凭空臆想，卢梭倒真可能会搭乘这艘船前往墨西哥参与法国军事行动，而这次冒险活动很可能只是卢梭在1889年世界博览会上模仿的意象画（透景画）。画面不复浪漫风情，尽管有浪有雨，但显然它带上了现实主义风格。恩特卡斯特克斯号巡洋舰上的金属闪烁着光芒，同时它也是当时装备最为精良的战舰，画面显示这艘船正在征服无情的大自然。

Ⅸ

纪尧姆对亨利·马蒂斯和他对毕加索的兴趣一样浓厚，正是纪尧姆于1918年组织的一场展览将二人直接置于对峙中。

亨利·马蒂斯的《三姐妹》也有多个版本，画中穿着一件夹克外套的是他当时的模特儿劳蕾特，她身旁的两位年轻女子，看上去不是姐妹。马蒂斯的作品在构图上更具古典意味，看起来很含蓄。

《三姐妹》，亨利·马蒂斯，1917 年，橘园美术馆藏

1920年，马蒂斯开始和一位名为亨利埃特·达里卡雷尔的女模特合作，从那时开始，在他的作品中，感官性的描绘大大增加。以亨利埃特为模特的数幅画作中，从性感的宫廷侍女到年轻的布尔乔亚，亨利埃特像女演员一样扮演了各种各样的角色。马蒂斯早年在尼斯的这个阶段可以称作是他的“亨利埃特时期”，亨利埃特像家庭成员一样，成为马蒂斯的御用模特，并在接下来的七年里相伴其左右。

马蒂斯这一时期的绘画作品来自他对变化莫测的情绪感知，通过冥想，他能够极其敏锐地探知亨利埃特复杂多变的情绪，她或者打扮成奥斯曼宫廷的侍女，或者一丝不挂，而画家也将对性的幻想融入侍女系列的作品里。带有东方神韵的模特为绘画作品的异国情调提供了场景和想象空间，这一特点与19世纪的大师安格尔和德拉克洛瓦的作品极为类似。

橘园美术馆的《女子和沙发》《蓝色侍女》《侧倚的裸女与幕帘》《红裤侍女》和《灰裤侍女》都是这一时期的作品。

这些人物形象都呈现出消极和怠惰的状态，很快就引发了极大的争议。法国作家科克托批评道：“沐浴着阳光的野兽变成了伯纳德的小猫——到底发生了什么？马蒂斯的创作不遵循任何切实的法则，他的创作中丝毫不见塞尚或是前辈大师们采用的隐式几何图形。”①

马蒂斯则为自己正名：“是的，我该喘口气歇歇了，抛掉烦恼，远离巴黎。这些侍女对我而言是一种馈赠，满足了我的怀旧之情。”②

与同时代的毕加索、德朗等其他艺术同行一样，马蒂斯也着眼于“过

---

① Laurence Madeline(2017): *Musée de l'Orangerie: The Walter-Guillaume Collection and Claude Monet's Water Lilies*, Paris: Scala Éditions, P. 63.

② Laurence Madeline(2017): *Musée de l'Orangerie: The Walter-Guillaume Collection and Claude Monet's Water Lilies*, Paris: Scala Éditions, P. 65.

《女子和沙发》，亨利·马蒂斯，1921 年，橘园美术馆藏

去”。马蒂斯眼中的过去指的是安格尔、库尔贝、布歇和弗拉戈纳尔，此外还有雷诺阿。马蒂斯有幅画描绘的是一间旅馆客房和房中的窗户洞口，这幅画很可能是橘园美术馆的《女子和沙发》。雷诺阿看着这幅画，说道：“……一切都恰到好处……这很难……真让我感到生气。”[①]

各种内景，包括《蓝色侍女》，是马蒂斯对空间所作的新式研究的明证，这种研究与马蒂斯在第一次世界大战前所作的研究截然不同。此处马蒂斯极大地拓展了空间，画家本人仿佛正藏身在某个狭隘的空间中，旅馆房间经过了必要的简化，马蒂斯好像正在试图尽力敞开这个空间。

《蓝色侍女》，亨利·马蒂斯，
约 1921—1922 年，橘园美术馆藏

与此相反的是，三位侧倚的大型裸体人像——《侧倚的裸女与幕帘》《红裤侍女》及《灰裤侍女》——非常明确地反映出回归趋势，即返回到封闭的空间和场景中去，其中深受马蒂斯喜爱的花纹面料在画中扮演了主要角色。这些元素不复原本的装饰性和肤浅的形态，反倒成了画面的结构元素和基本元素，由此可知画家成功地运用了这些与原本功能截然不同的装饰性元素。

① Laurence Madeline(2017): *Musée de l'Orangerie: The Walter-Guillaume Collection and Claude Monet's Water Lilies*, Paris: Scala Éditions, P. 65.

《侧倚的裸女与幕帘》，亨利·马蒂斯，1923—1924 年，橘园美术馆藏

《红裤侍女》，亨利·马蒂斯，约 1924—1925 年，橘园美术馆藏

1927年，这幅画在秋季沙龙中展出，有人评论说：“马蒂斯的小型画作中绘有各种蓝色、红色、紫色和黄色色条以及灰色图案的墙纸，为什么他的画没变成工薪社区里墙纸交易商售卖的让人讨厌的商品呢？对这种评论我表示无视。更确切地说，我了解这位艺术家对色彩运用的惊人天赋。相信我，他很快便能把两种相斥的色调调和到一起。”①

《灰裤侍女》，亨利·马蒂斯，1926—1927 年，橘园美术馆藏

① Laurence Madeline(2017): *Musée de l'Orangerie: The Walter-Guillaume Collection and Claude Monet's Water Lilies*, Paris: Scala Éditions, P. 67.

X

纪尧姆很可能非常愿意担任毕加索的艺术经纪人，他们关系紧密的原因有很多，比如同样对非洲艺术的痴迷。1910—1912年，当时正值纪尧姆开始从事艺术交易商的工作，他写信给毕加索："我从阿波利奈尔先生处得知您也对我的非洲雕塑感兴趣，我自己持有其中的6件作品，要是您什么时候方便的话，我可以一并把它们带过来。"①

毕加索的身上充分展现出现代艺术的气质，他的密友阿波利奈尔也对此予以支持。然而，尽管阿波利奈尔引荐在先，但纪尧姆与毕加索的关系并没能更上一层楼。

1914年2月纪尧姆开设了自己的画廊，那时毕加索与卡恩维勒已经签订了合同。第一次世界大战的开始和卡恩维勒的流亡给了纪尧姆可乘之机，但毕加索最终属意里昂斯·罗森伯格，之后又选择了保罗·罗森伯格。纪尧姆不得不与保罗·罗森伯格妥协，让自己有机会更接近毕加索。

尽管从纪尧姆写给毕加索的信件中可知他们两人之间的关系颇为热情友好，但是他很少直接从毕加索手中购画。有一天他满怀骄傲地致信毕加索："亲爱的朋友，我刚刚买了一幅你的作品，我回头拿给你看。"②

纪尧姆收藏的毕加索系列画以"蓝色时期"的悲惨笔调作为出发点。《拥抱》购自艺术品经纪人沃拉尔，1901年沃拉尔在巴黎为毕加索举办了首届展览。此外，1906年春，沃拉尔共计花费了2000法郎买下了毕加索的大量作品。

---

① ② Laurence Madeline(2017): *Musée de l'Orangerie: The Walter-Guillaume Collection and Claude Monet's Water Lilies*, Paris: Scala Éditions, P. 76.

《拥抱》，毕加索，1903 年，橘园美术馆藏

画中情侣互相拥抱，弥漫着令人同情的痛苦感，画面再现了蒙克等的图景意向，也反映出毕加索蓝色时期绘画创作的主题——生命。

接着，毕加索迎来了粉色时期。《青少年》和《红色背景中的裸体人像》很有可能是纪尧姆1907年的时候从沃拉尔处购得的。这两幅画还证明了毕加索从地中海古典主义风格向非写实风格化演变的过程，其中地中海古典主义的灵感来自卢浮宫中的希腊雕像以及西班牙戈索尔村庄中糙实的农夫，1906年画家在戈索尔村庄中度过了春季和部分夏季时光。脸部形象在毕加索非写实风格的作品中均化为一张张脸谱，其灵感来自他在卢浮宫所见的伊比利亚雕塑。这也预示着：数月后毕加索发现非洲艺术脸谱时，他的风格会朝着更为激进的方向发展。

《青少年》，毕加索，
1906 年，橘园美术馆藏

《红色背景中的裸体人像》，毕加索，
1906 年，橘园美术馆藏

毕加索自1907年的《亚威农少女》后风格大变，纪尧姆也随之收藏了他的几件作品，可惜被他的遗孀所卖。

现在橘园美术馆收藏的《大型静物画》是一部颇具立体主义风格的作品，但是远不及业已消失的那几幅作品大胆。它本质上是一部装饰性作品，不仅令人想起了塞尚，还令人想起了17世纪荷兰的传统风格以及18世纪法国的静物绘画。

另外，《大浴者》和《盖布的大裸女》则具有古典主义的隆起感、不朽感以及磅礴的风格。

《大型静物画》，毕加索，1917 年，橘园美术馆藏

《大浴者》，毕加索，1921 年，橘园美术馆藏

《盖布的大裸女》，毕加索，1923 年，橘园美术馆藏

第六章

橘园美术馆（下）

橘园美术馆按照莫奈的愿望将《睡莲》组画放在两间椭圆厅中，椭圆厅之间以走廊相连，以便游客随机选择参观的方向。随机和椭圆这两项元素意味深长，双椭圆形与数学中常用的无穷符号“∞”相呼应；自由选择参观方向则与画家表达的内容相呼应，即“整体划一而漫无尽头，波浪无边无垠，二者尽为幻象”。

I

尽管纪尧姆后来不再担任柴姆·苏丁（Chaïm Soutine，1893—1943年）的艺术经纪人，由其他人从事这份富于开拓性的工作，然而还是多亏了纪尧姆，这位画家才从籍籍无名走向尽人皆知，从悲惨的境遇走向功成名就。纪尧姆是在蒙帕纳斯搜罗阿米地奥·莫迪里阿尼的作品时发现了苏丁。

糕点师画得实在太棒了，他看起来迷人、真实、带有挑衅气息，其中一只耳朵画得又大又好看，出乎意料又非常真实，我买下了这幅画。巴恩斯博士在我家看到了这幅画——"画得太棒了！"他惊呼。巴恩斯在这幅画的面前产生了油然而生的愉悦感。这些对苏丁的迅速崛起起到了推动作用，使其在短期内迅速成为艺术爱好者们喜爱的知名画家。蒙帕纳斯的人再也不会嘲笑他了，他成了英雄。[①]

那一年是1923年，正值苏丁的朋友莫迪里阿尼去世后的第三年，巴恩斯博士在纪尧姆的带领下造访了画家的工作室，巴恩斯想要买下苏丁的所有作品，却未能如愿。

巴恩斯持有的是创作于1921—1922年的第一版《小糕点师》，纪尧姆持有的则是后来创作的第二版，画面呈淡粉色，画中人显得更为纤瘦、棱角更加分明、更为持重。《小糕点师》有多个不同的版本，历经数次创作，这幅画并不是肖像画。画中人物富有幻想感，简单天真，能俘获观众的心灵。至于质朴的人物形象和纯白的服装流露出苏丁对色彩的大胆尝试，这也是苏丁

① Laurence Madeline(2017): *Musée de l'Orangerie: The Walter-Guillaume Collection and Claude Monet's Water Lilies*, Paris: Scala Éditions, P. 84.

《小糕点师》，柴姆·苏丁，1922—1923 年，橘园美术馆藏

喜欢创作不同版本的糕点师形象的原因。

我们仍能在橘园苏丁的《埃米埃·勒琼肖像》中找到这种天真、惊讶和迷失的表情。肖像画绘制在一处灰蓝色的背景中，这种构图令人想起了凡·高的自画像和肖像画，如奥赛博物馆的《尤金·博赫肖像》。苏丁脑海里可能还有凡·高其他的作品作为参考，如《邮差洛林肖像画》。

风景画《倾斜的树》和《村庄》更能看清苏丁的借鉴痕迹，画中的突变感以及炫目的色彩让我们想起了马克·夏加尔（Marc Chagall，1887—1985年）。苏丁的作品表达了对凡·高的纪念之意，他创作的《大棵蓝树》也为英国画家弗朗西斯·培根的作品做好了铺垫。

《埃米埃·勒琼肖像》，柴姆·苏丁，约1922年，橘园美术馆藏

《倾斜的树》，柴姆·苏丁，约 1923—1924 年，橘园美术馆藏

《村庄》，柴姆·苏丁，约 1923 年，橘园美术馆藏

《大棵蓝树》，柴姆 · 苏丁，约 1920—1921 年，橘园美术馆藏

事实上，苏丁的作品带有骇人的印象主义风格。苏丁数次在同一个主题中融合了两段记忆，惊人的画作《半面牛肉和牛犊头》就体现了这一点，画面将画家本人和观众的目光定格在一块切开的牛肉上。卢浮宫伦勃朗的《被屠宰的公牛》给苏丁留下了深刻的印象，此外还有隐秘而恐惧的回忆萦绕在他的心头："有一天我看到屠夫的刀划开了鸟的脖颈，随后他放干了血。我想尖叫，但是他愉悦的表情让我的尖叫卡在喉咙中不得释放，那声尖叫令我至今仍如鲠在喉——画这块牛肉的时候，我仍要释放这声尖叫。"①

---

① Laurence Madeline(2017): *Musée de l'Orangerie: The Walter-Guillaume Collection and Claude Monet's Water Lilies*, Paris: Scala Éditions, P. 91.

《半面牛肉和牛犊头》，柴姆·苏丁，约 1925 年，橘园美术馆藏

这些大幅的、高度表现力的甚至是暴力的作品完全打破了纪尧姆收藏中睿智甚至略带保守的平衡感，它们可能也体现了纪尧姆的收藏中所流露的焦虑感。对巴恩斯而言也是如此，他对这些作品的热情绝不比纪尧姆低。

我对苏丁的早期印象来自赵无极的一句话："苏丁的脾气很怪，我知道他从前住的地方，脏得不得了。"[①]看了苏丁的画，觉得赵无极说得可能是对的。

Ⅱ

1914年、1915年以及1916年的一部分时间，纪尧姆都是阿米地奥·莫迪里阿尼唯一的顾客。第一次世界大战爆发，莫迪里阿尼的经纪人亚历山大被征召入伍，与莫迪里阿尼失去了联系，作家雅各布则介绍纪尧姆认识了他。

那时，莫迪里阿尼认识了性情有几分古怪的英国记者海斯汀，他们陷入了长达两年的恋情，两人住在一起，她是画家最喜欢的模特。在巴黎拉维尼昂街13号的工作室内，画家创作了有名的肖像画《保罗·纪尧姆，新领航员》。

在战争期间能够把作品卖掉着实不易，这时莫迪里阿尼在给母亲的信中写道："我已经那么长时间没给您写信了，我感到很惭愧。但——但我的事情太多了——撇除那些麻烦事的话，我还是觉得挺满意的。我又开始作画了，还卖掉了一些。太棒了！"[②]

所以莫迪里阿尼备感欣慰，对纪尧姆也是满怀敬意，纪尧姆在财务问题上让画家非常放心。自从莫迪里阿尼和海斯汀陷入热恋后，财务问题变得越

① 孙建平编：《赵无极中国讲学笔录》，中华书局2016年版，第58页。
② Laurence Madeline(2017): *Musée de l'Orangerie: The Walter-Guillaume Collection and Claude Monet's Water Lilies*, Paris: Scala Éditions, P. 92.

《保罗·纪尧姆，新领航员》，阿米地奥·莫迪里阿尼，1915 年，橘园美术馆藏

来越重要。据说，海斯汀是莫迪里阿尼的魔鬼，把他推向了酒和毒品的恶性循环，当然也可能正相反，海斯汀也是莫迪里阿尼的缪斯，她可能敦促他继续工作下去。

1909—1913年，莫迪里阿尼一直在从事雕塑工作，纪尧姆则鼓励他重返绘画生涯，因为画作比雕塑卖得更好一些。纪尧姆收藏了不止一幅莫迪里阿尼充满肉欲的裸体人像，不幸的是，画最后被卖了。

自1906年莫迪里阿尼迁往巴黎后，他见识到立体主义的兴起，然而他对此并不热忱，觉得这并非自己要前行的道路。然而，莫迪里阿尼与众不同之处在于他继承了意大利以及塞尚的艺术风格中的重要部分，这也是纪尧姆对之感兴趣的原因。纪尧姆对毕加索和马蒂斯大胆的艺术探索非常推崇，最终毕加索和马蒂斯的尝试成为合理、易懂、和谐的现代主义艺术，它们朝着新古典主义和新传统主义的方向不断发展。巴恩斯和纪尧姆对此类艺术都极为钟爱，他们二人的收藏也都反映了这一点。

Ⅲ

从1915年至莫迪里阿尼去世前，他对传统绘画进行了修正。以橘园美术馆的《红发女孩》为例，这幅画结构严谨，画面几乎成几何状，令人想起毕加索的立体主义风格，尤其是画中女子雕塑般完美的脸庞仿佛出自文艺复兴时期意大利伟大的画家弗朗切斯卡创作的壁画。

《保罗·纪尧姆，新领航员》表现出画家不同的追求。莫迪里阿尼旨在展现纪尧姆和他之间的关系，并且告诉纪尧姆自己有多重要。这幅画有些调侃意味，他希望图像至少是部分采用先锋艺术的手法。画中的纪尧姆线条鲜明而简洁，贴身穿着充满禁欲感的立体派外套，而画家在此加入了动感元素——他手中拿了支烟。题词沿袭了俄罗斯构成主义和意大利未来主义者的做法（也包括中世纪传统），“保罗·纪尧姆”“新领航员”“海星”（指庇护者圣母玛利亚），在画面的布局上强化了作品的流动感。莫迪里阿尼还有两幅以纪尧姆为主题的作品，可谓是两人之间真诚友谊的见证。

《安东尼亚肖像》可与卢浮宫中的《蓬巴杜夫人》相媲美。安东尼亚是莫迪里阿尼遇见的诸多女性模特之一，而蓬巴杜夫人以路易十五的情妇身份为人所知。画中的脸谱形象与其说是在描绘某个特定的人物，倒不如说是一幅非洲艺术或立体主义画卷。莫迪里阿尼的作品与毕加索的肖像画有相似之处，不同的是，莫迪里阿尼的主人公流露出诱惑之姿。

《红发女孩》，阿米地奥·莫迪里阿尼，1915 年，橘园美术馆藏

《安东尼亚肖像》，阿米地奥·莫迪里阿尼，约 1915 年，橘园美术馆藏

《戴天鹅绒丝带的女子》，阿米地奥·莫迪里阿尼，1915 年，橘园美术馆藏

《戴天鹅绒丝带的女子》进一步凸显了脸谱形象，因为莫迪里阿尼清晰地将纤弱的模特身上的特征与极简化的脸谱相结合，这种手法颇受当时的艺术精英所青睐。

尽管莫迪里阿尼有不少作品由纪尧姆经手，但橘园美术馆仅有5幅留存，其中包括《年轻的学徒》。这幅大型画作完成于1917年之后，表明作者回到了过去——超越了立体主义的条条框框，回到塞尚式的简单风格中。作者的布局与塞尚的《抽烟者》（俄罗斯冬宫美术馆藏）相同，但姿势一右一左。塞尚偏好建构主义，莫迪里阿尼则希望通过连续的平面来再现空间感，从而呼应塞尚的建构主义风格。莫迪里阿尼采用了灵活蜿蜒的线条，不知名模特柔和的忧郁感跃然纸上。这幅画处处体现出塞尚的痕迹，然而个中精髓却远非如此。莫迪里阿尼的作品中流露出丰富的情感，这种情感既不是无病呻吟也绝非索然无味。当我们亲临《年轻的学徒》前，不禁想到莫迪里阿尼的挚友苏丁于数年后创作的“小糕点师”的形象，谦和的人物往往体现出作者的悲伤之情。

人们不禁疑惑纪尧姆为何要在1916年放弃莫迪里阿尼，并将其让给兹博罗夫斯基，他可是面临失去他所敬慕的艺术家的风险啊！纪尧姆有可能无法再为疾病缠身、酗酒抑郁的艺术家担任经纪人，于是他倾心于让全身心投入工作的兹博罗夫斯基接手这份重要的工作。

《年轻的学徒》，阿米地奥·莫迪里阿尼，1918—1919年，橘园美术馆藏

《抽烟者》，保罗·塞尚，1890—1892 年，俄罗斯冬宫美术馆藏

1920年1月24日，莫迪里阿尼在巴黎的一家福利诊所离开了人世，原因是肺结核引发的并发症。他的情人让娜第二天跳楼自杀，两人合葬于拉雪兹神父公墓。他们3岁的女儿由莫迪里阿尼的姐姐在佛罗伦萨抚养成人，后来女儿为自己的父亲写下一本重要的回忆录。

画家去世后，纪尧姆仍继续售卖他的绘画作品。

赵无极说："那个时代的画家都狂得很，都喝酒，莫迪里阿尼就是酗酒，他30多岁就死了。现在我们规矩得很，我们的观点同从前不一样了。我觉得绘画也是一种职业，也是在工作，艺术家和别人没什么不同嘛！"①

"很多画家年轻时画得很好，如莫迪里阿尼，画到36岁就死了，他后来画得并不太好，幸亏他36岁就死了。"②

如果画家规规矩矩的，就不会有什么故事了吧。

Ⅳ

去橘园美术馆之前，我收到巴黎画廊有关玛丽·洛朗桑（Marie Laurencin，1883—1956年）的一幅画的报价，价格很合适，我赶紧要求买下。我过去对洛朗桑的印象还是很模糊的，所以特意从海外的网络书店买了她的传记书看，毕竟拥有她的作品，也要自己有所了解啊。令人哭笑不得的是，经纪人后来告诉我，她把洛朗桑与巴比松派画家米勒的作品搞混了，我以为的合适的价格原来是米勒作品的价格，于是我与洛朗桑失之交臂。

可我还是认真地看了洛朗桑的传记，在橘园美术馆更是把她的作品仔细琢磨了一番。

---

① 孙建平编：《赵无极中国讲学笔录》，中华书局2016年版，第58页。
② 孙建平编：《赵无极中国讲学笔录》，中华书局2016年版，第99页。

洛朗桑的作品是在20世纪80年代左右重新流行起来的。回顾洛朗桑的艺术生涯，可以描述为到达最高点、突然下降和瞬间晕眩，但又始终遵循着自身轨道的过山车。起初，洛朗桑的艺术得到了诗人兼“先锋派创始人”阿波利奈尔的盛赞，他在1913年的《立体主义画家们》中把自己的前女友放在一群杰出的立体主义艺术家当中，与乔治·勃拉克（Georges Braque ，1882—1963年）、毕加索、胡安·格里斯和阿尔伯特·格瑞兹（Albert Gleizes，1881—1953年）相邻。第一次世界大战使得洛朗桑背井离乡，离开了她所热爱的巴黎，直到1921年她才荣归故里。20世纪20—30年代是艺术活动蓬勃发展的十年，洛朗桑融入了时尚圈，作为一名社会肖像画家、服装和布景设计师深受欢迎。

第二次世界大战带来的后果是洛朗桑日益加剧的与世隔绝和每况愈下的身体状况，她后期描绘的年轻女性的粉彩肖像画也变得越来越风格化。到了1950年，虽然没有完全被遗忘，但洛朗桑的作品看上去就像来自另一个时代的过时的艺术遗迹。1956年洛朗桑去世，人们对她稍作纪念后，便将她遗忘在艺术的长河中。

V

私生女出身的洛朗桑很崇拜她那优雅而又冷漠、高度专制的母亲。年轻的玛丽和她的裁缝母亲一起住在封闭的女性世界里，甚至她父亲偶尔的看望也被视为不受欢迎的打扰。与巴黎先锋派艺术家渊源颇深的美国女作家斯泰因将母女俩描述为像修道院的修女一样生活着。洛朗桑毕生对一切女性化东西的热爱——缎带、柔和的颜色、优雅的服饰——都可以追溯到她的童年时光。

起初，洛朗桑是一个对什么都漠不关心的学生，相比绘画，她更喜欢音乐和文学。洛朗桑去世时出售的5000卷藏书证明了她的文化修养，她还为80多本书设计过插图。

洛朗桑的艺术生涯完全是一个幸运的意外，有一次乘公共汽车时，绘画的想法突然出现在她的脑海里。洛朗桑在拉马丁中学就读时，包括绘画在内的成绩都是最后一名，一直希望女儿以后能成为中学老师的母亲对此深感失望。

1902年，洛朗桑在塞夫勒厂学习瓷画，在她的一系列揭示心理的自画像中，把自己描述为“悲伤、丑陋、毫无希望”。除了展示她艺术高超的制图外，这些作品也表现出洛朗桑永不满足的好奇心和天生的自恋。正如有人评论的那样：“对洛朗桑来说，大自然的一切不过是一间挂满镜子的房间。”[①]

不久，洛朗桑结识了画家勃拉克，并经他引荐加入了“洗衣船”画室，这里是立体主义的传奇熔炉。

1907年，洛朗桑与阿波利奈尔在蒙马特画廊由毕加索介绍认识，他们之间的亲密关系一直持续到1913年，并且深刻拓宽了两人的艺术视野。在阿波利奈尔最著名的一些诗中，他歌颂自己对洛朗桑的爱以及最终的失去。阿波利奈尔1916年出版的《被谋杀的诗人》是一部神话版的自传，书中描述了诗人克罗尼亚芒塔尔与薄情无义的巴勒里耐特（洛朗桑的化身）之间命中注定的爱情。

两人分手后，洛朗桑和阿波利奈尔通过信件以及好友保持着联系。阿波利奈尔之后的娶妻和1918年的英年早逝给当时仍在西班牙流亡的洛朗桑很大的打击。将近40年后，根据遗愿，洛朗桑被葬在拉雪兹公墓，她身穿白衣，一手执玫瑰，靠近心脏的位置上放着阿波利奈尔写给她的情诗。

---

① Douglas K. S. Hyland, Heather McPherson(2000), *Marie Laurencin: Artist and Muse*, Birmingham: Birmingham Museum of Art, P. 16.

Ⅵ

阿波利奈尔与洛朗桑之间有很多相似之处。两人都是私生子，由专制的母亲抚养长大并仍被母亲控制着一切，两人都是敏感、任性和喜怒无常的性格。虽然两人有很多相似性，但也有着显著的差异，阿波利奈尔四海为家居无定所，但博学而独立；洛朗桑是个十足的巴黎人，有着天生的直觉，羞怯，教养良好，热爱家庭。事实上，在“洗衣船”画室这帮无拘无束放荡不羁的艺术家中，人们就嘲笑过洛朗桑资产阶级的举止。洛朗桑根植于象征主义的简单而梦幻般的意象与阿波利奈尔的《醇酒集》中的诗意宇宙紧密相连。

作为一名评论家，阿波利奈尔大力推动和宣传巴黎前卫派的艺术，其中当然也包括洛朗桑的艺术。他写道：

作为一位艺术家，洛朗桑小姐可以排在毕加索和卢梭之间。这并不是一个按等级划分的标志，而只是门第的简单说明。她的艺术像莎乐美一样在毕加索和卢梭的艺术间起舞；毕加索好像是在光辉的洗礼中净化艺术的新施洗者约翰；而卢梭如同多愁善感的希律王，一位奢华而幼稚的老人，他的爱通向理智主义的边缘。

我找不出恰当的词来定义玛丽·洛朗桑女士完美的法式优雅。她有着尽可能优雅的女性品质，且毫无男性的缺点。或许大多数女艺术家所犯的最大错误在于，她们试图超越男人，却在这一过程中失去了她们的女性品味和魅力。

她所创作的女性肖像或许成为她那个时代的风格，人们也许会说“这是玛丽·洛朗桑画的女性”，正如人们现在所说的“这是古戎画的女性”。

她是愉快的、优秀的、高尚的，她还有着如此多的才能。她是一个小太阳，她是女性形象的我！①

虽然阿波利奈尔的视觉灵敏度受到质疑，但他发现艺术的能力是毋庸置疑的，他大部分的评论文章是颂扬他那个时代最重要的艺术家的才能的，然而讽刺的是，阿波利奈尔的过分赞美之词促成了对洛朗桑全部作品的诋毁，比如有人挖苦地表示洛朗桑的艺术只有在立体主义界才能被容许存在，只因为她是阿波利奈尔的情人。

其实，尽管洛朗桑多次和立体主义画家一起举办画展，但她的艺术与其他人不同，特别是毕加索和勃拉克的艺术。洛朗桑痛苦而真诚地写道："如果我从未成为一名立体派画家，那是因为我做不到。我没有那个能力，但他们的实验深深吸引着我。"②

Ⅶ

1913年，具有革命性的军械库展览会在纽约开业，洛朗桑有7幅作品展出。她在美国的名气越来越大，受到当地许多最有眼光的收藏家的欢迎。20世纪头二三十年，洛朗桑的顾客和赞助人名单几乎囊括了所有负责将现代主义引入美国的先驱们，他们以传道士的热情欢迎她的作品，让美国人认识了她，从而帮助她确立了在毕加索、勃拉克、马蒂斯和巴黎前卫派其他艺术家这个威严的群体里唯一一位女性的声誉和地位。到了1937年，洛朗桑被公认

---

① Douglas K. S. Hyland, Heather McPherson(2000), *Marie Laurencin: Artist and Muse*, Birmingham: Birmingham Museum of Art, P. 23.

② Douglas K. S. Hyland, Heather McPherson(2000), *Marie Laurencin: Artist and Muse*, Birmingham: Birmingham Museum of Art, P. 58.

为最著名的法国女艺术家。

1914年，洛朗桑在母亲去世后失去了她的精神支柱，心灰意懒之余嫁给了德国的一位男爵，即后来成为画家的奥托·冯·瓦特根。第一次世界大战迫使他们流亡至西班牙，他们仓促的婚姻很快开始瓦解，1921年，她和酗酒的丈夫离婚，重新在巴黎安定下来。

第二次世界大战期间，洛朗桑位于布拉柴大街的那间大而舒适的公寓被德军征用，她避难到马瑟兰大街一处比较小的公寓，并在万诺大街上租了一间工作室。在生命最后的20年中，洛朗桑作品的质量下降得厉害，但也有几个值得注意的例外，她的一些有时显得过于娇弱的女性肖像画仍然反映出她早期作品的风格。尽管身体欠佳再加上反反复复的抑郁，但洛朗桑从未失去对绘画的热情。1955年，直至去世前一年，她终于搬回了自己先前的公寓。

成长于战争年代的格鲁认识洛朗桑，并且为洛朗桑做过几次模特，她对画家的晚年给出了最好的表述。格鲁表示洛朗桑是一位有诗意的人，她一生中始终保持着童年的魔力。尽管见证了那个时代从野兽主义到超现实主义的所有艺术运动，但洛朗桑独善其身，坚定不移地走自己的路。最后，如同她的艺术一样，洛朗桑是庄重刻板和放荡不羁之间奇怪的混合，兼具严肃和反复无常。

洛朗桑最好的墓志铭是在她去世的20年之前由秘鲁作家加西亚·卡尔地隆撰写：

如果这些华美的画作像挽歌一样打动我们，如果这些易消亡的脆弱时而让我们有遗憾的乐趣，我们会很高兴地认为玛丽·洛朗桑在她的油画中永远保留了这个世界的一点新鲜，当未来的孩子们阅读我们这个时代的历史时，可以向他们证实我们的困境是不可避免的。[①]

Ⅷ

1936年，巴黎的威尔斯滕画廊举办了一场雄心勃勃的、名为“本能画家”的展览，展览上洛朗桑的作品紧邻着夏加尔、莫迪里阿尼、卢梭、苏丁和郁特里罗这些人的作品。作为欣赏者的亚历山大·瓦特评论道：天生的画家是那些在个人的本能上发挥天赋之人，但不会因为某一画派的理想和努力而以任何方式去发展自己的天赋。瓦特也承认洛朗桑个人风格的独特性和细腻——“纤细的神经线条与柔和着色的微妙和谐”[②]。

从某个角度来说，今天的橘园美术馆就是对当时场景的复制。

因为阿波利奈尔与纪尧姆的关系，很容易想象是诗人介绍自己的情人认识纪尧姆的。然而，阿波利奈尔与纪尧姆合作时，他和洛朗桑早就分手了，而且纪尧姆获得洛朗桑的作品均在第一次世界大战后。

橘园美术馆的西班牙幻想风格作品《西班牙舞者》可能是洛朗桑1921年重返巴黎时绘制的，它表明在画家与立体主义者进行亲密交流的这段时间内用笔精确、直接、天真且风格简略，她的草图呈现出简单而柔软的风格，将作品带入了甜蜜而令人回味无穷的高雅氛围中。这种风格贯穿她的一生。

从《母鹿》的背景帷幕中我们也能看出这种风格，这幅画描述的是同名芭蕾舞剧，由让·柯克托作词，弗朗西斯·普朗克作曲。舞剧于1924年1月6日在蒙特卡罗首演，俄罗斯芭蕾舞团总监狄亚基列夫接受普朗克的推荐，委

① Douglas K. S. Hyland, Heather McPherson(2000), *Marie Laurencin: Artist and Muse*, Birmingham: Birmingham Museum of Art, P. 44.

② Douglas K. S. Hyland, Heather McPherson(2000), *Marie Laurencin: Artist and Muse*, Birmingham: Birmingham Museum of Art, P. 41.

《西班牙舞者》，玛丽·洛朗桑，1921 年， 橘园美术馆藏

托洛朗桑作画。

普朗克在信中向狄亚基列夫讲述了芭蕾舞剧背后的故事：

“我想把盛大聚会的背景设定在广袤、全白的乡宅起居室中，其中唯一的家具摆设只有洛朗桑的蓝色沙发。20名风情万种的美女与3名装扮成划手的小伙子嬉闹，嬉耍活动充满诱惑，周围空无一物，否则你想象一下会有多糟糕……”[①] 故事线颇为模糊，洛朗桑为此创作了一幅颇为难懂的场景，画中绘有年轻的女子与动物，她们也可能是半人半鹿的女妖，而其中最关键的就是如何调和好色彩。

《保罗·纪尧姆夫人肖像画》绘制于德朗创作的《纪尧姆夫人肖像画》的同一时期，该作品画风模糊，纪尧姆夫人也认可这种将她略略隐没于忧郁氛围中的画法。

《保罗·纪尧姆夫人肖像画》，玛丽·洛朗桑，约1924/1928年，橘园美术馆藏

可可·香奈儿作为服装师和洛朗桑之间非常了解，她们两人活跃于同一个圈子，共同创作了《母鹿》中的场景。然而关于《香奈儿小姐肖像画》，她们的意见并不一致，香奈儿要求另画一幅肖像，洛朗桑拒绝了这个要求，结果，香奈儿也拒绝了这部作品。洛朗桑决定润色一下——再卖了它。

① Laurence Madeline(2017): *Musée de l'Orangerie: The Walter-Guillaume Collection and Claude Monet's Water Lilies*, Paris: Scala Éditions, P. 100.

《香奈儿小姐肖像画》, 玛丽・洛朗桑，1923 年，橘园美术馆藏

《母鹿》，玛丽·洛朗桑，1923 年，橘园美术馆藏

Ⅸ

郁特里罗的故事远不如洛朗桑那般悠然自得，他是模特兼画家苏珊娜·瓦拉东之子。他生活在蒙马特，居住的地方和所谓的高雅地区相距甚远。郁特里罗的身上既能看到蒙马特忧郁的诗意，也能发现那里日渐衰退之势。对纪尧姆而言，结识郁特里罗可谓是“机缘巧合”，纪尧姆从蒙马特一家郁特里罗常去的夜店店主手中买下了他所有的作品：“郁特里罗——很乐意用一幅速写画来换一杯酒，蒙马特的不少酒店店主都是这么干的。”[①]他平

① Laurence Madeline(2017): *Musée de l'Orangerie: The Walter-Guillaume Collection and Claude Monet's Water Lilies*, Paris: Scala Éditions, P. 104.

静地变卖了自己的作品，但对其作品的错误认知与日俱增，他的声誉也随着蒙马特高地的衰颓而越发上升。

当时郁特里罗的一幅作品只卖45法郎，纪尧姆买下了这些作品，然后高价出售。这些画作装在原初的路易十三或路易十四风格的画框内，正是由于画框的缘故，画作才能被纳为私人收藏，收藏者们觉得这些画和家具陈设挺相称的。

郁特里罗的绘画作品之所以如此吸引人，是因为在他身体状况尚可时，绘画笔法精确且带有学院派风格，作品看上去仿佛是“业余画家”的写生之作；而在他身体每况愈下时，他便照着明信片进行创作。尽管画家的作品看起来干瘪而重复，主要描绘了蒙马特高地的街道上庄严的建筑或是大型天主教堂，但画中人及其笨拙的身影反倒将画面带活了，比如《市政厅上的旗帜》，这些作品成功地将渗透人心的悲伤注入我们的情感中。

《市政厅上的旗帜》，郁特里罗，1924 年，橘园美术馆藏

X

第一次世界大战堪称史上最血腥的大屠杀，就在大战行将结束之时，《睡莲》组画按照莫奈的愿望摆放在杜乐丽花园的橘园美术馆中。这幅组画堪称是纪念碑式的作品，与法国诗人兰波的作品有着异曲同工之妙：

这是一座绿色的山谷
欢唱的小河把银色的褴褛挂在草尖
阳光在傲岸的山头闪烁
这是一个阳光明媚的小山谷
所有“山谷沉睡者”的小山谷①

这场可怕的大战时常出现在老画家莫奈创作的作品中。1914—1918年，画家与世隔绝，住在吉维尼的花园中。画家因年纪太大而无法从军，他无力应对战争带来的暴行，同时也深受病痛和孤寂的侵扰，他拿起了画笔：“……我使用且浪费了很多颜料，但这样我才能抛却这场可怕的战争。”②他唯一能做的就是绘画，将此当成抗争的手段之一。

战争结束后，他将抗争的武器转化成胜利的纪念碑。他在信中说道：“我有两幅装饰性画作就要画完了，我想在胜利日那天再署名。我想通过你把画献给国家，尽管这并不算什么，但这是我唯一可以采用的庆祝胜利的方式了。”③这封信发出的日期是1918年11月12日，正是停战后的第一天。收信人是当时的法国总理乔治·克里孟梭，也是莫奈的好友。

---

① ② ③ Laurence Madeline(2017): *Musée de l'Orangerie: The Walter-Guillaume Collection and Claude Monet's Water Lilies*, Paris: Scala Éditions, P. 108.

莫奈亦将自己的抗争武器转化成无名受害者们的坟冢。莫奈在自家花园中悟出了这样一个道理：四年战争以法国的胜利告终，但同样也打破了对和平的美好理想，打破了进步的信念和信心。莫奈觉得自己必须去弥补、去宽慰、去舒缓这成千上万名亡灵所遭受的痛苦以及无尽的破坏所带来的苦难，认为只有大自然才能给予人们必要的恢复能力，这种恢复能力是常人不可企及的。

兰波也在诗中呓语道："大自然温柔地将他拢在怀中。"[①]

橘园美术馆为《睡莲》开辟了两间展厅，由莫奈负责监督房屋布局，这两间屋子形似一座自然神殿——恒新、常在。

多年来，《睡莲》遭到了不理解和贬低，乃至于有一位批评家撰文将这幅画视作"陵墓"。最终这幅组画再次回归到博大精深的意蕴之中，它宛如城市腹地的花园，好似一片绿洲保护着我们。

XI

从19世纪90年代早期开始，莫奈就对绘画和装饰进行缓慢而劳心劳力的探索。莫奈堪称天才，他仿佛迷失在永恒奥妙的自然中。莫奈作品的巅峰及其最终形态并非一蹴而就，他的作品其实蕴含了更深层次的意蕴，由此可见作品的维度和节奏感。1918年停战协议的签订使艺术家与大自然之间亲密而又孤独的对话公之于众，此前莫奈已远离俗世，过起了拒绝接受现实的日子，全身心投入工作室的工作中。11月11日是宣布胜利的日子，这促使莫奈改变了自己，他突然向世界敞开了心扉，让人猝不及防地共享他的心声。

自1893年开始，莫奈便开始了试验之旅，这场旅途令人犹疑、未知且充

① Laurence Madeline(2017): *Musée de l'Orangerie: The Walter-Guillaume Collection and Claude Monet's Water Lilies*, Paris: Scala Éditions, P. 110.

满孤独。彼时，莫奈买下了一小片牧场，牧场就在花园的另一边，环绕着他位于吉维尼的住宅。莫奈在牧场里挖了一方水池，并将艾普特河引流至此形成了一片池塘，他在池塘中种上了睡莲。池塘四周环树，池塘上跨着一座拱式人行桥。为了完成工作，莫奈还有很多事情要做，他给厄尔地区的行政长官写信请求许可（此后他不得不回应邻居们的抱怨），正如他信中所说：

> 我给您写信并试图告知您，帕西至吉索尔铁路沿线和艾普特支流左岸之间的土地归我所有。我打算在自己的土地上挖一片池塘，在里面种上一些水生植物。为了能够让池塘里的水活起来，我想在艾普特河右岸建一个分流系统，装一道60—70厘米宽的水闸。我不会在河床上装任何改变水位或水文的装置，这是一个小型的临时分流装置，水量和河流的整体流量相比不值一提，引流的水量会在河流沿岸生活的居民允许的范畴之内。希望您能尽快答应我，这样我就能安装分流装置了。①

这件事并未影响到莫奈在马路另一边开展的美学和艺术探索活动，这条马路将未来建成的池塘和莫奈住宅周边的大花园分割开来。

Ⅻ

事实上，水生元素一直是莫奈的心头所好，从年轻时沿着英吉利海峡探险，到风平浪静的“塞纳河之晨”皆是如此。他无数次地探索风平浪静的地中海或是狂暴的英吉利海峡，宽阔的河流（塞纳河）或是汹涌的河流（科勒

① Laurence Madeline(2017): *Musée de l'Orangerie: The Walter-Guillaume Collection and Claude Monet's Water Lilies*, Paris: Scala Éditions, P. 111.

橘园美术馆《睡莲》组画

兹河），他亲自踏足这些地方。他在绘画方式以及水域的色彩上控制得当，栩栩如生。我们有必要回想一下，这片池塘既不是海，也不是小溪流，更不是什么河流，小溪流从池塘中流入或是流出在画家看来是无甚区别的。画家真正在意的是平静而广阔的水面，水面倒映出天空之广，从而再现了原初的宇宙缩影。这里一派和谐、静止之态，然而不时也会流露出波动的风情。这些景致与最初莫奈从事的印象主义研究截然不同，它们为莫奈研究动感、涟涟的水波、风力效应以及夺目的装饰、树木和草地创造了条件。这里并未发生肉眼可见的变迁，而莫奈的孜孜以求则铭刻在时空中，与日月同辉。

事实上，时间因素意义重大，莫奈将34年的时间花费在水园以及受水园启发而创作的画作中。他花了两年时间（1893—1895年）进行初步的布局构图，这也是当时他创作的首批作品。莫奈花费了3年时间，才于1897年完成了这部以睡莲为主题的装饰性作品。1899年夏，第一版《睡莲池》系列画共计10幅作品宣告完成，1900年第二版《睡莲池》系列画共计12幅作品在杜兰德-鲁尔画廊首次展出。

或许是因为莫奈的绘画计划有着更重要的意义，又或许因为睡莲池塘已经失去了新意，因此1901年新一轮的创作工作开始了。画家重画了池塘，而且把池塘画得规模更大，更为繁复，而且画中又有了新的植物。1903年画家才能全身心地投入他的作品中去，那时的池塘和莫奈的描述无疑是相吻合的："我花了15年时间才创造出这样一片水域，它大约有200米那么长，艾普特河的河水灌注其中。背景中种着鸢尾花和各种水生植物，还有各种各样的树木，其中大多数是杨树和柳树，还有不少垂柳。"①1903—1908年，每逢

① Laurence Madeline(2017): *Musée de l'Orangerie: The Walter-Guillaume Collection and Claude Monet's Water Lilies*, Paris: Scala Éditions, P. 116.

夏天，莫奈便会全神贯注地投入描绘水园的工作中，他承认“自己痴迷于描绘池面及其倒影，这并非一个老头力所能及，但我还是想要顺利地表达出自身的感受”[①]。莫奈还补充道，他毁掉了不少油画，也就是说现在留存下来的画作只是他长期努力创作的作品中的一小部分而已。部分因疑虑而惨遭牺牲的画作于1909年春天在杜兰德-鲁尔画廊的展览中展出，《睡莲·水景》组画可见莫奈的新设计：这幅画否定了所有如画般的景致，否定了一切“构图”，也否定了一切条理性的东西，进而否定了风景画的概念，堪称是一种全新的创作。油画按照1—48进行编号，而且还按照1904—1908年的时间顺序进行排列。然而莫奈放弃了原先预想的名称《映像》，他不愿意脱离现实，与此同时他也承认：“我重新发掘了直觉和奥秘的力量，并让它们占了上风，这样我才能与作品产生共鸣并专注于创作。”[②]

1910—1913年，莫奈伟大的工程暂时停了下来。1910年的大洪水毁掉了池塘，莫奈的妻子也在1911年去世，当时他的感觉是“失落，一切都完了”[③]。之后一年中，他的儿子让罹患重病，白内障相关疾病也影响了莫奈的创作。好几个月以来，莫奈的视力受到了非常严重的影响。

德国入侵法国的事件震惊了莫奈，当时正值艺术家处于灵感和创作的重要时期，他耗费数周时间才重新开始创作大型装饰画。尽管战争有所威胁，但莫奈仍不愿意离开吉维尼，这里是他的家、他的工作室，也是花园的所在地（他常常有此担忧，“有时候我也会问自己，要是敌人们再搞出些什么惊喜，我会做些什么？”[④]）。外面混乱的世界旷日持久，炮弹、坦克、瓦斯

① ② Laurence Madeline(2017): *Musée de l'Orangerie: The Walter-Guillaume Collection and Claude Monet's Water Lilies*, Paris: Scala Éditions, P. 116.

③ ④ Laurence Madeline(2017): *Musée de l'Orangerie: The Walter-Guillaume Collection and Claude Monet's Water Lilies*, Paris: Scala Éditions, P. 117.

以及所有工业时代的邪恶发明无不发出震耳欲聋的怒吼。而莫奈专注于大自然，大自然给了莫奈和平、希望和美好，这也是莫奈一直专心观察的东西。

莫奈将时间都花在池塘边和工作室里，他在工作室里重新绘制了大自然习作，这些作品均为大型油画，高达2米。1915年1月，经过一年的细心观察，莫奈最终顺利地拟定好了大计，“他很早以前就已经有了这个计划，要在画里描绘水、睡莲和植物，画面覆盖的区域要广一些”[①]，现在看起来非常简单。然而正如睡莲自身会不断繁殖、绵延不绝一样，莫奈的画也慢慢扩展，变得越来越多。直到后来，莫奈的工作室变得太过拥挤，他不得不建造一间更大的工作室。在新的工作室中，他可以创作高达4米的作品，因此整体计划亦遭到修改。这些油画在规模上超越了人们的能力所及，油画照着池塘轮廓的形状呈椭圆形排布，与莫奈最初构思的圆形结构相比，这些作品的画面更为开阔。莫奈意图营造出一种环境、一种原生态物质，它们超脱于观众之外并使观众完全沉溺其中。18世纪末期罗伯特·巴克（Robert Barker，1739—1806年）于爱丁堡发明了全景画，全景画就是让观众位于圆形画作的中央，光从顶端向下照射，从而营造出错视现象，而且能够增强观看风景或景物时身临其境的感觉。此外，全景画需要放置于能够陈列大型油画作品的圆形建筑物中才行。19世纪头30年代，全景画非常流行，19世纪80年代全景画再次蓬勃发展起来。我刚在荷兰海牙看过当年描绘海滩的仿佛电影一般的全景画展览（详见拙作《阿姆斯特丹之光》），现在与莫奈的《睡莲》全景画相遇，有恍然大悟之感。

① Laurence Madeline(2017): *Musée de l'Orangerie: The Walter-Guillaume Collection and Claude Monet's Water Lilies*, Paris: Scala Éditions, P. 117.

XIII

1915年，莫奈意识到自己的工作需要耗费多年才能完成，他写道：“这要耗费我5年左右的时间。”[1]事实上，他意识到自己的创作并非呈线性结构，画面通过根茎舒展开来，或呈互补状或呈对峙状。画中的图案姿态各异，当然，图案结构和绘图视角也各有不同，池塘中有些地方是基于较远的位置进行创作的，还有一些地方则是从极近的角度绘制的，因此树叶便呈现出奇形怪状的样子。有时画面中处处可见漫延的水域，但有时水面又消失得无影无踪，取而代之的是植物和天空。访客们无从理解亦无从想象最终的成

橘园美术馆《睡莲》组画

① Laurence Madeline(2017): *Musée de l'Orangerie: The Walter-Guillaume Collection and Claude Monet's Water Lilies*, Paris: Scala Éditions, P. 120.

橘园美术馆《睡莲》组画

橘园美术馆《睡莲》组画

品会是什么样子，那些斗胆造访工作室的人站在将近2米高、3至5米宽的巨型油画面前会感到困惑不解。莫奈踌躇过、前行过、回退过，也曾沮丧过，直到后来重拾希望。宽画板一个接着一个地被排布在椭圆形场地中，1918年早期，莫奈如是总结道："我计划完成12幅作品，两年内我就完成了其中的8幅，另外4幅画作还在进行中。一年后我就能完成了。"[①]莫奈不但拟定好了自己的计划，显然他还计划好了作品的完成时间。诚如我们所见，停战协议在某种程度上决定了这幅"宏大的装饰作品"的命运。此后莫奈的油画便成为民族记忆的献礼之作，但1918年11月12日签署捐赠协议时，他的组画尚未完成，而协议中只提到了两幅画。克里孟梭劝说他这位老朋友把完整的组画捐献出来的同时，莫奈的创作工作也因视力问题而再次中断。1919年11月，他写道："我甚至都爱上了视力不好的毛病，这样我就能在必要的时候放弃绘画工作了。不过至少我现在还能看到那些钟爱的事物——天空、水面，还有树木。"[②]

根据新的计划，莫奈的巨幅装饰作品需要大幅变形，在最终计划确定好之前还要花费超过两年的时间。这时，10幅作品由19块画板构成，根据1922年4月12日签订的官方捐赠文件，莫奈仍有两年以上的时间来完成并交付他的作品。

然而，莫奈的视力逐渐恶化，他变得越来越沮丧，因为他对作品的每一个阶段进行了重新修订和重构，同时进一步完善。这部佳作虽然仍然在创作中，却显得尽善尽美。1923年艺术家接受了两次白内障手术，手术无疑促进

① Laurence Madeline(2017): *Musée de l'Orangerie: The Walter-Guillaume Collection and Claude Monet's Water Lilies*, Paris: Scala Éditions, P. 123.

② Laurence Madeline(2017): *Musée de l'Orangerie: The Walter-Guillaume Collection and Claude Monet's Water Lilies*, Paris: Scala Éditions, P. 124.

了他对这部在创作品的构思。莫奈因画作交付的截止期限而备感压力，他不断绘画，变得十分沮丧：

别以为我把你给忘了，我绝对不会这样，但最近因为我这该死的视力，过得并不好。如果要把画交付给国家，我就得一直工作下去。我干砸了不少事情，我把那些勉勉强强的作品都毁掉了。我觉得很难过，觉得自己太不中用了，我的绘画生涯算是完了。真让人懊丧。①

然而，1924年12月7日，莫奈将最终计划方案交付给了建筑师。他不断坚持，重获了视力（“我的视力彻底改善了，我用跟以前截然不同的方式进行工作，我对自己现在做的事情深感高兴……”②），然后重新拿起了画笔，重新作画、布局。1926年12月5日莫奈去世时，他的工作室仍然堆满了1914年以来创作的大型画作。莫奈之子将22块画板交给了国家并挂在橘园美术馆中，1927年5月17日还落成了克劳德·莫奈博物馆。这批画作占地500平方米，有大楼一半那么大，它们按照莫奈的愿望放在两间椭圆厅中，这两间椭圆厅之间以走廊相连，以便游客随机选择参观的方向。随机和椭圆这两项元素意味深长，双椭圆形与数学中常用的无穷符号“∞”相呼应；自由选择参观方向则与画家表达的内容相呼应，即“整体划一而漫无尽头，波浪无边无垠，二者尽为幻象”③。第一间展厅中，四幅对照感鲜明的作品陈列在10块画板上，依次展现出云映射在水中的模样、自由舞动的花朵以及天空的倒影，它们和

① Laurence Madeline(2017): *Musée de l'Orangerie: The Walter-Guillaume Collection and Claude Monet's Water Lilies*, Paris: Scala Éditions, P. 128.

② ③ Laurence Madeline(2017): *Musée de l'Orangerie: The Walter-Guillaume Collection and Claude Monet's Water Lilies*, Paris: Scala Éditions, P. 129.

落日相映成趣。第二间展厅也展出了四幅画，展厅和主题更为契合一些，因为这里的画均以岸边为视角进行创作，辅之以渐渐枯萎的柳叶和池塘水面上漂浮的花朵。平静而宽阔的水面，云朵和叶片追寻着池塘上太阳的轨迹，与大楼自东向西的方向一致。

从1893到1927年，莫奈耗费了34年时间才总结出这一想法并获得成功，才构思出如此统一而平和的景象，描绘出日出到日落的景致，缩影的画面凝结成一片广袤的世界。

上方的自然采光系统重建完毕后，营造出了必要的不朽感，整幅画仿佛一座自内而外的大教堂。阳光穿不透画面的色彩，只能静静地从上方泼洒而下，或者说，是画面吸收了阳光的泼洒。整幅画洋溢着淡淡的生命气息以及难以名状的愉悦感。

莫奈的《睡莲》展厅十分拥挤

第七章

玛摩丹－莫奈美术馆

米歇尔拥有其父莫奈的大部分《睡莲》杰作，1966年他去世时，将100余件的莫奈作品赠送美术馆收藏，其中包括一整套独一无二的大规格《睡莲》画作。由于玛摩丹宅邸规模过小，无法展示如此大规格的作品，花园下方特地设计了一座新的展厅。1970年，大多数尚未展出过的油画均放到了展示墙上，这些作品构成了世界上规模最大的莫奈藏品集。玛摩丹宅邸慢慢发展成为现今的印象派之父之家，博物馆也因玛摩丹－莫奈美术馆之名而广为人知。

I

玛摩丹－莫奈美术馆（Musée Marmottan Monet）的原主人是19世纪的外交官和文学家凯勒曼公爵。1868年公爵去世后，他的妻子和女儿无力承担维修房产的费用，在1882年以26万法郎将其出售给居勒·玛摩丹。

来自法国北部的玛摩丹是法国多家能源与运输公司的管理者，还涉足慈善事业。他也热爱艺术，曾购得来自意大利、佛兰德斯和德国的大约40件前文艺复兴时期的画作以及文艺复兴时期的彩饰木雕和地毯，最终这些都成为住宅内的装饰品。1883年玛摩丹去世，他为独子保罗留下了一大笔财富和这座大宅。

玛摩丹－莫奈美术馆

保罗做过律师和政府高级公务员，后来成了多产的作家和艺术爱好者，他一直仿效父亲丰富自己的收藏。他将自己的首批藏品放置在大宅中，还将建筑按帝国时期的风格由内而外重新装修了一遍，这里陈列着卡拉拉大理石制成的皇室成员雕像，家具来自杜乐丽宫（拿破仑宅邸之一）和位于那不勒斯的波蒂奇宫，拿破仑的妹妹卡罗琳为波蒂奇宫进行了装潢。

1910年前后，保罗为了扩建住宅购买了毗邻的土地，与此同时，他修改了部分房屋的设计，从而让自己的藏品在父亲收藏的基础上锦上添花。他重新设计了主屋中的几个客厅、二楼卧室、现今的餐厅以及一楼的两间圆形客厅。布景风格由保罗亲自操刀，营造出一册帝国风格的画卷。现今游客们通过的圆形大厅被留作前厅之用，厅中还装饰有帝国风格的壁龛和大理石雕像。正对花园的圆形展厅的装饰工作交由加斯东·克努负责，他是线脚专家，也是彩绘艺术仿制专家，这位工匠制作了一系列底部带有凹槽的壁柱、爱奥尼亚式柱子和刻有希腊神兽鹰头狮身带有翅膀的格里芬的饰带以及局部镀金的灰泥制花环。展厅以及现在餐厅中的门均经过特殊处理，门上饰有古风舞者，上方嵌有身着希腊长袍的泥灰制人像，纯色背景衬托着人像。保罗采购了大量艺术品用以装饰宽阔的展厅，其中最重要的是拿破仑的床、音乐家的吊灯和显眼的塞夫勒瓷制《地理钟》。

《地理钟》，塞夫勒瓷制，1813—1821 年，玛摩丹－莫奈美术馆藏

玛摩丹－莫奈美术馆内景

Ⅱ

1932年保罗去世后将这所大宅交给了法兰西美术学院，开始收藏学院派画家布格罗等人的作品，这与玛摩丹家族的传统也是一致的。

可是1940—1947年，维多里妮将父亲贝利欧医生的大部分藏品捐给博物馆后，导致这里的风格大变，因为贝利欧的藏品除了像荷兰经典画家哈尔斯的《酒鬼》等古代风格的作品外，还包括《日出》以及另外10幅印象派油画。

印象派可是法兰西学院的敌人，保罗·玛摩丹也站在学院派的一边抨击印象派。保罗在《法兰西画派（1789—1830年）》一书的序言中，直抒胸臆地抨击同时代人："有的人不绘图，却画草图；有的人不作画。当下大趋势便是如此……他们之所以敷衍了事，首要原因就是艺术爱好者只会追求印象之感，这些人极端无知且乐于纵容。"①

《酒鬼》，弗朗斯·哈尔斯，
约1620—1630年，玛摩丹－莫奈美术馆藏

但到了1940年，印象派已经完全获胜，法兰西学院的博物馆为它们敞开了大门。

最具有戏剧性的是，米歇尔·莫奈的捐赠让博物馆成为印象派的中心。

① Edited by Marianne Mathieu(2017), *Musée Marmottan Monet: A Guide to the Collections*, Paris: Musée Marmottan Monet, P. 19.

米歇尔是莫奈的幼子，其兄让·莫奈在1914年去世后，他成为老画家唯一的后裔，继承了吉维尼的住宅和其中所有的画作。他得到了其父收集的各类素描画和绘画作品，它们均出自大师以及莫奈的朋友之手，包括德拉克洛瓦、布丹、居斯塔夫·卡勒波特、雷诺阿和贝尔特·摩里索特。

更重要的是，米歇尔继承了莫奈晚期的作品《睡莲》系列。1914—1926年，莫奈绘制了125幅大型组画《睡莲》，他把部分作品捐献给祖国法兰西。莫奈不愿意在生前透露其赠予一事，现今我们所知的作品，例如橘园美术馆的《睡莲》，直到1927年才为公众所见。展览引发了流言蜚语，莫奈遗作随之进入艺术史上的黑暗时期。

玛摩丹－莫奈美术馆内景

米歇尔拥有其父剩余的大部分《睡莲》杰作，他认为父亲的遗产受到了人们的玷污，他努力恢复《睡莲》的名声，但在法国收效甚微。国家博物馆对他公诸市场的作品置之不理，这也是米歇尔在去世后坚决不将他的收藏赠予国家的原因之一。

米歇尔并无子嗣，1966年他去世时，超过100件的莫奈作品遂加入美术馆的收藏，其中包括一整套独一无二的大规格《睡莲》画作。由于玛摩丹宅邸规模过小，无法展示如此大规格的作品，在花园下方特地设计了一座新的展厅。1970年，大多数尚未展出过的油画均陈列在展示墙上，这些作品构成了世界上规模最大的莫奈藏品集。玛摩丹宅邸慢慢发展成为现今的印象派之父之家，博物馆也因玛摩丹－莫奈美术馆之名而广为人知。

其他艺术家的后人纷纷仿效米歇尔的做法，1993年，摩里索特的25幅作品也归入博物馆，最为特别。

Ⅲ

我去玛摩丹－莫奈美术馆当然是奔着印象派的作品去的，一楼的展室中有一间展示的是莫奈、雷诺阿、毕沙罗、卡勒波特和高更等人的作品。

卡勒波特有三幅作品，《雨天的巴黎街道》似乎是现收藏在芝加哥艺术学院的版本的草稿，因为这幅作品的人物面目模糊不清，其他事物也是逸笔草草，与卡勒波特惯常的完成稿线条清晰的风格不同。

《雨天的巴黎街道》采用俯角的透视法，对画面进行大胆的剪裁，然后仔细研究而得出的统一构图，创作出一幅现代的“历史画”，记载了现代城市生活分散疏远的特点，即使卡勒波特笔下描绘的是现代巴黎这样时尚、豪华和繁荣的都市。

《雨天的巴黎街道》，居斯塔夫·卡勒波特，1877 年，玛摩丹－莫奈美术馆藏

《雨天的巴黎街道》，居斯塔夫·卡勒波特，1877 年，芝加哥美术学院藏

2013年，上海举办过“印象派大师·莫奈特展”，展品就是玛摩丹－莫奈美术馆提供的。卡勒波特的《白菊与黄菊》也在上海展出过。我们知道，莫奈与卡勒波特的关系很好，他们经常分享园艺经验。卡勒波特有一个大温室，里面种满了珍稀的植物，包括各种品种的兰花，它们都成了研究的对象。

《白菊与黄菊》，居斯塔夫·卡勒波特，1893年，玛摩丹－莫奈美术馆藏

这幅画中，卡勒波特并没有以完美的构图将花朵安排在瓶中，而是截取了住所花圃中某个角落，卡勒波特就喜欢在这种花园中近距离取景。在这种构图中，画家沉浸在绽放着鲜艳色彩的美丽菊花丛中，白色照亮了邻近的色彩，狂热的笔触赋予画作生动、自发的特性。莫奈深爱这幅画，在去世之前，它始终都挂在吉维尼住所的房间里。

雷诺阿常常为莫奈和他的第一任妻子卡米耶作画，他为这对夫妻创作了大约十幅肖像画。1871—1877年，雷诺阿常待在莫奈位于阿让特伊的住宅中。玛摩丹－莫奈美术馆中的两幅肖像画《莫奈在阅读》和《莫奈夫人肖像画》是最早的几幅作品之一，它们创作的时间可以追溯到1873年前后。画中人的姿势都经过精心安排，莫奈以半身侧影的形象出现，靠在椅子上；从左下方看去，椅背呈镂空状，莫奈一边抽着管烟，一边读着报纸。卡米耶的面部流露出一丝笑意，她身着优雅端庄的裙子，似乎在望向她的丈夫。虽然这

《莫奈在阅读》，雷诺阿，
1872 年，玛摩丹 - 莫奈美术馆藏

《莫奈夫人肖像画》，雷诺阿，
1872 年，玛摩丹 - 莫奈美术馆藏

玛摩丹 - 莫奈美术馆内墙壁上的莫奈夫妇肖像

两幅画的构思独立，但它们规模相同，画中人物两两相对，似乎自成一对作品，均为“家庭肖像画”。

Ⅳ

二楼有几间展厅，但我的兴趣还是印象派摩里索特的展室。

摩里索特的家是印象派的活动中心之一，她与这些画家的关系都非常好。摩里索特是帝国时期一个省长的女儿，从父亲那里继承了大宗财富，从来没有经历过像她的朋友们那样陷于困境之中的拮据。

摩里索特不仅教养好、聪明，而且很有吸引力。风度优雅且超然冷漠的她有着妖娆的体态，黑头发，黑眼睛，西班牙人的肤色和狂野而忧郁的神情。

摩里索特是一名优秀的画家，1874年第一次印象派展览时，摩里索特展出了现藏于奥赛博物馆的《摇篮》，她也是参加展览中唯一的女艺术家。《摇篮》描绘的是她的姐姐爱德玛和女儿布兰奇的亲密感情。

《摇篮》，贝尔特·摩里索特，1872 年，奥赛博物馆藏

摩里索特与马奈的恋情广为人知。马奈比她大8岁，1868年在卢浮宫画廊中认识她时他已经结婚，他们之间的交往从生理吸引、调情，发展到两性之间的嫉妒和伤害，直至倾慕和爱恋。

《阳台》，爱德华·马奈，1868/1869 年，奥赛博物馆藏

在奥赛博物馆的名画《阳台》里，“在两个绿色百叶窗和一个绿色栅栏之间，摩里索特戏剧性地出现在马奈的艺术舞台上，这幅画的构图呈三角形。一位气度不凡的绅士 [画家安托万·吉耶梅（Antoine Guillemet，1843—1918年）] 穿着高燕子领礼服，系一条紫色宽领带，举着双手，眺望远方，仿佛被他刚看到的什么东西吓着了。站在他前面的是音乐会的小提琴手范妮·克罗斯，手上拿着淡褐色的手套（与那位绅士舞动的双手相呼应），她的绿色阳伞举成小提琴的角度，帽上那一大束白花与她的圆脸相呼应。摩里索特坐在那位绅士的下方，穿一件比范妮的衣裙更为精致的白色连衣裙，系一条与阳伞色调相匹配的绿色缎带，握着一把红扇，与阳伞形成一个像女人披肩的大V字形，勾勒出那个站着的男人。马奈的日本狗和一棵高大的盆栽植物在她的脚边，在朦胧的背景里，莱昂·林霍夫像一个为众神酌酒的美少年，给他们带来一罐美酒。范妮面无表情甚至眼神空虚，她硕大的花卉头饰有点可笑。相反，没有任何头饰的摩里索特有着紧张的手指，又大又黑的眼睛，柔软的双唇，焦虑、担心的表情和前额上凌乱的刘海以及肩膀下飘拂的头发，她仿佛看到了什么别人没注意到的可怕的东西。马奈的三个人物很典型地互相隔绝，互不搭界”①。

V

1868—1874年，在摩里索特二十八九岁至三十岁出头的时候，她惊人的美貌、迷人的风度和优雅的气质令马奈神魂颠倒，在马奈为她绘的11幅系列肖像画里，他既表达了自己对她的爱，也展现出她对他的爱。

---

① [美] 杰弗里·迈耶斯：《印象派四重奏：马奈与摩里索特，德加和卡萨特》，蒋虹译，广西师范大学出版社2008年版，第126－127页。

《摩里索特侧倚肖像画》的完整版描绘的是摩里索特躺在沙发上的画面，而玛摩丹－莫奈美术馆中收藏的画板则是完整画面的一部分。马奈对这幅油画进行了修饰，仅留下了头和肩膀部分。更紧凑的框架结构大大增强了肖像的存在感，宛如一曲赞歌，歌颂了摩里索特的神秘之美。马奈将这幅画赠予了摩里索特，它留在摩里索特家中长达两代人之久，直到最后成为玛摩丹－莫奈美术馆的藏品。

奥赛博物馆还有一幅马奈的《手持紫罗兰的摩里索特》，“紫罗兰由此成为这位美女画家女性魅力和优雅的象征。阴影的变化（这在马奈作品中极其罕见，他偏爱明亮的脸部）强化了主人公的眼神，突出了她躁动而好奇心旺盛的个性。怪诞的帽子、散乱的头发和黑色的衣服将她的形体从光线明亮的背景中凸显出来。马奈不愧是明暗对比手法的大师”[①]。

《摩里索特侧倚肖像画》，爱德华·马奈，1873年，玛摩丹－莫奈美术馆藏

① [意] 西莫娜·巴托勒纳：《马奈》，王苏娜译，北京时代华文书局2015年版，第90页。

《手持紫罗兰的摩里索特》，爱德华·马奈，1872 年，奥赛博物馆藏

摩里索特的侄女婿、诗人瓦莱里认为这是马奈画的最美的油画之一：

所有一切给我印象最深刻的是黑色——服丧所戴的小黑帽的纯黑色，还有混杂在泛着玫瑰光泽的栗色头发丛中的帽带。这是一种只能是马奈才有的黑色……

这些惊人的浓黑色细节围绕并强化了一张这样的脸：过大且乌黑的眼睛里透出一种心不在焉、冷淡的眼神。这幅画笔触流畅、柔和、娴熟；脸上的阴影是那么透明，光线是那么柔和，使我想起了维米尔画中一位年轻女子头部温柔而可爱的造型。①

摩里索特去世后，她的女儿回忆这幅画的特别背景："我开始临摹爱德华叔叔画的妈妈的一个头像，它逆光、黑色、戴着帽子、胸前有一束紫罗兰。这幅画是妈妈在丢勒的拍卖会上买来的，它现在挂在我的卧室里，我从床上看着它。它太出色了，画得太好了，没人会信他最多画了两次。妈妈告诉我她为这幅肖像做模特儿，时间是礼拜四他们在'奶奶餐厅'用晚餐的前一天。那天，爱德华叔叔对妈妈说她应该跟爸爸结婚。"②

Ⅵ

"爸爸"是马奈的弟弟欧仁，他一直在追求摩里索特。摩里索特不喜欢神经质的欧仁。

---

① [美] 杰弗里·迈耶斯：《印象派四重奏：马奈与摩里索特，德加和卡萨特》，蒋虹译，广西师范大学出版社2008年版，第129页。

② [美] 杰弗里·迈耶斯：《印象派四重奏：马奈与摩里索特，德加和卡萨特》，蒋虹译，广西师范大学出版社2008年版，第130页。

但摩里索特和马奈这么耗着也不是办法，马奈力劝她嫁给欧仁，他们对这个问题商谈了好久，最后她决定听从他的建议，这样他们仍然可以保持密切的关系。

1874年摩里索特和欧仁结婚。1878年11月，他们期待已久的女儿朱莉降生。“从婴儿到少女，摩里索特一直为朱莉画像，朱莉是一个耐心的模特儿，也是一个格外漂亮的女孩。摩里索特画她与母亲、父亲、保姆和狗在一起以及她沉溺于自我活动的时刻，比如吃奶、躺在床上、玩玩具船、洋娃娃、花和猫、休息、做梦、摆姿势、做针线活、读书、画画、划船、采摘水果、吹笛子、弹钢琴、拉小提琴和弹曼陀林。”①

摩里索特展厅

① [美] 杰弗里·迈耶斯：《印象派四重奏：马奈与摩里索特，德加和卡萨特》，蒋虹译，广西师范大学出版社2008年版，第137页。

《欧仁·马奈和女儿在布吉瓦尔的花园中》。画中的父亲和女儿在位于公主街4号的住宅中，1881—1884年，他们一家经常生活在这栋位于布吉瓦尔的房子里。朱莉戴着帽子，穿着可爱的粉色裙子，坐在父亲的膝盖上搭着积木，欧仁惬意地坐在长板凳上。1882年欧仁受命为妻子挑选第七届印象派展览作品时，他顶着妻子的反对声选择了这幅画。

《穿蓝毛衣的小女孩》。这是一幅粉笔画，身穿蓝色毛衣的朱莉坐在鹅颈椅上，里面还放着一只摇动木马。摩里索特利用粉笔的粉状效果，复制出了肌理天鹅绒般的感觉。画家将粉笔如铅笔般地运用，展现出很高的独创性，换句话说，她在描绘女孩裙子的细节、椅子以及背景中植物的粗犷方面均体现出独创性。

《水盆边的孩童》。朱莉和房屋看管人的女儿位于客厅中——客厅里有一架优雅的折叠式屏风，屏风中间绘有花朵的图纹。她们站着玩起了钓鱼游戏，中式青花瓷盆充当了她们的钓鱼盆，这只瓷盆是马奈送给摩里索特的礼物。极度自由的处理手法以及未完成的画面样式是19世纪80年代中期摩里索特作品的一大特色。在最后一届印象派展览中，有人就认为摩里索特的作品有着“流动的、宛若素描般的魅力”[①]。

《朱莉与她的猎犬莱赫提》是摩里索特1893年的作品。朱莉穿着黑色的连衣裙，正在为父亲服丧。摩里索特以她惯有的非常自由、精力充沛且生动的笔触来作画，而她的诋毁者认为她未完成画作。摩里索特喜欢以斜线或错综复杂的线条在一种只有她自己才能掌握的混乱中暗示形体，有时毫不犹豫地在部分构图中将画布留白，就像这幅爱女肖像。在所有的印象派画家中，摩里索特将速写升级为艺术作品的能力堪为先驱。

---

① Edited by Marianne Mathieu(2017), *Musée Marmottan Monet: A Guide to the Collections*, Paris: Musée Marmottan Monet, P. 217.

《欧仁·马奈和女儿在布吉瓦尔的花园中》，贝尔特·摩里索特，1881 年，玛摩丹－莫奈美术馆藏

《穿蓝毛衣的小女孩》，贝尔特·摩里索特，1886 年，玛摩丹－莫奈美术馆藏

《水盆边的孩童》，贝尔特·摩里索特，1886 年，玛摩丹 - 莫奈美术馆藏

《朱莉与她的猎犬莱赫提》，贝尔特·摩里索特，1893 年，玛摩丹 - 莫奈美术馆藏

Ⅶ

我们再来看看玛摩丹－莫奈美术馆中摩里索特的其他作品。

《欧仁·马奈在怀特岛》。摩里索特在英格兰度蜜月期间绘制了这幅小画，也是她为丈夫绘制的第一幅作品。欧仁站在客厅中，露出左侧剪影。摩里索特的兴趣不仅仅在于人像，事实上她对描绘繁花盛开的花园以及窗前看到的滨江景观也非常感兴趣。摩里索特技法高超，既呈现出玻璃的透明状态，也呈现了光线效果。

《欧仁·马奈在怀特岛》，贝尔特·摩里索特，1875 年，玛摩丹－莫奈美术馆藏

《持扇女子》，贝尔特·摩里索特，1875 年，玛摩丹－莫奈美术馆藏

《持扇女子》（又名《舞会》）。这部作品是一组肖像画的一部分，画中主要描绘了舞会中年轻女子的形象。摩里索特让这位不知名的模特坐在位于戴劳大道的公寓之中——从背景中葱翠的植物可知这是摩里索特的寓宅。画家似乎对裙子及配饰的刻画非常感兴趣，雪纺上衣、手套和扇子——从上到下均以白色为主色调——与模特的秀发、眼睛以及黑色的花朵形成鲜明的对比。修饰性的黄色、红色、蓝色和绿色点亮了油画画面，充实了平平的色调，这种手法在摩里索特1875年的作品中乃是一大特色。

《布吉瓦尔花园》。摩里索特人生中最美好的时光都与布吉瓦尔有关。夏天，树木丛生的公园中繁花盛开，摩里索特大部分时间都待在布吉瓦尔。花园为其现代风格以及大胆的风景画提供了灵感，她用无比自由的手法描绘了屋边高高的草丛、五彩缤纷的玫瑰花以及若隐若现的阳台。这幅油画用了数小时便宣告完成，一气呵成，一目了然。图形呈分解状，细节则消失不见，绿色、蓝色、黄色和粉色混在一起，为这部明媚的作品注入了无穷的诗意。摩里索特用笔的色调让人想起了法国18世纪两位伟大的画家华托和布歇的艺术风格。

《布吉瓦尔花园》，贝尔特·摩里索特，1884 年，玛摩丹 – 莫奈美术馆藏

《保莉·戈比拉德在作画》。摩里索特对向身边的年轻女子推广艺术教育非常感兴趣。她的外甥女保莉·戈比拉德无疑是学生中最用心、最富于热情的一位，保莉在姨妈的教导下于卢浮宫任职，1886年时，她获得了第一张临摹师证。摩里索特有可能出于对保莉所获得成就的肯定，才为她创作了这幅作品。

《提篮少女》。朱莉既要私教授课，又要上音乐课，因此1890年左右，摩里索特开始将目光投向其他年轻女子。现由私人收藏的《提篮少女》是一部雄心勃勃的作品，摩里索特将少女置于画面的中央位置，这里的同名粉笔

《保莉·戈比拉德在作画》，贝尔特·摩里索特，1887年，玛摩丹－莫奈美术馆藏

画是前者的习作之一。摩里索特在一张宽幅纸上绘制了面纱笼罩的少女脸庞，并将背景留白，虽然裙子以及执篮的手并未完成，但是摩里索特仍于1892年在画廊里展示了它。

当摩里索特结婚时，马奈和她各自烧掉了对方的信件，因为他们都有要掩盖的事，他们过去的关系并不如一些人想象的那么压抑，"通常，他们俩共处马奈画室，因此，他们有充分的时间亲热"[①]。

① [美] 杰弗里·迈耶斯：《印象派四重奏：马奈与摩里索特，德加和卡萨特》，蒋虹译，广西师范大学出版社2008年版，第131页。

《提篮少女》，贝尔特·摩里索特，1891 年，私人收藏

当然，这也意味着他们之间亲密关系的终结。

1883年，马奈去世，摩里索特悲痛万分，并为推广马奈的作品而奔走。1892年，欧仁去世。1895年，摩里索特因感冒而突然去世，去世前一天，她写信向16岁的女儿朱莉告别：

我的小朱莉，在我弥留之际，我爱你；甚至当我死了，我将依然爱你；我恳求你不要哭泣，别离是必然的，我本希望活到你结婚。你要跟往常一样工作，好好活着；在你的小生命中，你从没有令我伤心过。你漂亮、富有，好好利用它们。我想，对你来说，你最好去维勒朱斯特街跟你的表兄妹住在一起——不要哭泣；我无法告诉你我有多么爱你。让娜，照顾朱莉。①

Ⅷ

下楼，穿过美术品商店，来到地下室，就是莫奈作品的展厅。

我们先去看的是印象派作品中最有名的一幅《印象·日出》。

1872年11月左右，莫奈在勒阿弗尔的阿米劳特公馆待了一阵子，这次停留让莫奈创作了这幅作品。莫奈以屋中的窗户为视角，快速描绘了清晨时分外港东北方向的景致，左边描绘的是布瓦码头的轮廓，右边展现的是忙碌的库尔贝码头，中央缺口处则表明了跨洋船的潮汐闸门的位置，闸门正对贝辛德鲁尔。吊车、烟囱和桅杆沐浴在秋日黎明的薄雾和蒸汽之中，前景中的划桨船夫以及明亮的橙色太阳及其倒影是莫奈在最后完成这幅画时才添加上去的。尽管这幅朦胧之景仅耗费数小时便宣告完成，但其自由的处理手法令观众大为震惊。

---

① [美] 杰弗里·迈耶斯：《印象派四重奏：马奈与摩里索特，德加和卡萨特》，蒋虹译，广西师范大学出版社2008年版，第143页。

这幅作品出现在1874年的“画家、雕塑家、雕刻家和石板画家之匿名协会”组织的首届展览中，莫奈把它命名为《印象》。该术语出自画家们的行话，自19世纪中期以来，这一术语成为一种艺术口号，反映出相比缜密地描绘自然景观而言，人们对捕捉场景氛围（或者说印象）更有兴趣。极度保守人士勒罗伊受讽刺杂志《喧声闹语》委派前往报道这一事件，他旋即将莫奈的标题与年轻画家们坚持户外工作这种颇具争议的想法相联系，勒罗伊从中获得灵感，为自己辛辣挖苦的文章取标题为“印象主义的展会”。批评家卡斯塔格纳利坚定地与这些艺术家站在一起，在勒罗伊发文数日之后，他将“印象主义者”一词赋予了正面意义。自此以后，莫奈及其朋友所组成的团体便以此定名。时至今日，《印象·日出》成为这一事件的标志之作。

《印象·日出》，莫奈，1872 年，玛摩丹－莫奈美术馆藏

Ⅸ

19世纪时，为了推动法国铁路发展，巴黎兴建了七座火车站。巴黎西部的圣拉扎尔火车站面向诺曼底沿海服务，1841—1852年，人们扩建了车站。新大楼在某种程度上是以金属为基础的建筑风格的产物，此外也需要用新大楼来存放机车，这些新大楼很快便成了现代主义的重要标志。1877年，莫奈为这些建筑创作了一系列画作，如奥赛博物馆的《圣拉扎尔火车站》，我在前面已有介绍。玛摩丹-莫奈美术馆的《欧洲桥，圣拉扎尔火车站》则描绘了圣拉扎尔火车站周边的街区，尤其是罗马街和欧洲桥。欧洲桥是一座高架

《欧洲桥，圣拉扎尔火车站》，莫奈，1877 年，玛摩丹-莫奈美术馆藏

桥，建于1863年，现在已不复存在。莫奈在桥下且与火车轨道同一水平线上作画，高架桥构成的斜线结构既是构图的一部分，也突出了大楼在这幅城市景观画中的重要地位，引擎、铁路工人以及信号牌被简化成无关紧要的细节。莫奈希望重现火车站的风貌，画面中蒸汽机散发到空中的蒸汽和烟雾如羽毛般轻盈起舞。

X

莫奈仅为第二个儿子米歇尔创作了三幅肖像画，悉数为玛摩丹收藏。《穿蓝色毛衣的米歇尔·莫奈》描绘了年约5岁的男孩，他的脸上凝固着愠怒之色，仿佛厌倦了坐着不动。他身着朴素的蓝毛衣，衣领呈暗色，和画面其他部分类似，毛衣的绘画手法非常轻盈、迅捷，让人觉得这幅画好像尚未完成似的。

《穿蓝色毛衣的米歇尔·莫奈》，莫奈，1883年，玛摩丹－莫奈美术馆藏

1886年9月12日到11月25日期间，莫奈一直在布列塔尼的美丽岛逗留，在此期间，他希望能画出岛屿的荒芜感以及光线的急剧变化，因此他在海边作画。纪尧姆是一位57岁的龙虾渔夫，人称保利。保利一天的工资是两法郎，帮莫奈运送绘画工具。11月的时候，艺术家为他的助手画了一幅生动的肖像画。

《保利肖像画》，莫奈，
1886 年，玛摩丹 – 莫奈美术馆藏

《保利肖像画》的主人公眼睛看向一侧，他留着蓬乱的胡子和“砖似的皮肤”，这些特征凸显了岛上生活的艰难以及模特内敛的举止。莫奈直到去世前一直留着这幅画。

Ⅺ

1883年12月，莫奈和雷诺阿一道前往里维埃拉、马赛和意大利旅行。两位画家在风景和阳光下闪烁的色彩的影响下感到心旷神怡。翌年，莫奈独自返回意大利，他住在博尔迪盖拉，也画了不少景观画，其中一些作品，例如建筑师查尔斯·加尼尔的乡间别墅景观展现出旅行的意味，而其他作品，如玛摩丹 – 莫奈美术馆的《萨琐山谷，日光印象》，则纯粹表现了视觉观感。1884年3月11日，莫奈给友人写信道：“这幅画会让讨厌蓝色和粉色的人们愤怒不已，因为绚丽的色彩和引人入胜的光线是如此考究，即便我已经大大地调低了色度，但我敢肯定，那些从未见过或是从未以合理的视角观察过这里的人肯定会觉得难以置信：一切都显得平和而鲜艳，看起来是非常美轮美奂。乡村地区的美也在与日俱增。”①

① Edited by Marianne Mathieu(2017), *Musée Marmottan Monet: A Guide to the Collections*, Paris: Musée Marmottan Monet, P. 177.

《萨琐山谷，日光印象》，莫奈，1884 年，玛摩丹 – 莫奈美术馆藏

莫奈去过荷兰两次，一次是1871年，另一次就是1886年。第二次他在荷兰待了10天，从4月末到5月初，他为萨森海姆附近的郁金香田绘制了五幅画。萨森海姆位于莱顿和哈勒姆两地之间，其中三幅画里的地平线处伫立着一座或数座风车，另两幅画则描绘了低矮的房屋，它们紧紧地贴着天际线。《荷兰郁金香田》描绘广袤的花地里纵横交错着大量的沟渠，莫奈觉得这片低田之地虽美但令人沮丧，正如他致信吉维尼的家人时说的那样："这里实在太棒了，但贫乏的色彩无法描绘其分毫，这足以让潦倒的画家步入癫狂之境。"①

① Edited by Marianne Mathieu(2017), *Musée Marmottan Monet: A Guide to the Collections*, Paris: Musée Marmottan Monet, P. 178.

《荷兰郁金香田》，莫奈，1886 年，玛摩丹 – 莫奈美术馆藏

Ⅻ

1887这一年，春天将尽，莫奈完成了《小舟》（玛摩丹 – 莫奈美术馆藏）。他后来写信给朋友提到："我又重新拾起一个不可能的任务——画水以及在水底摆动的水草。"[①]画家将主题小船推到画面右上角，并且在上面压了些叶子，显现出池水征服了画面。莫奈为了彻底地将水面垂直化，以取景的方式吸收掉所有的地平线，《小舟》是第一幅实施这种想法的画作。如果小船的位置仍然暗示着深度，我们不得不认为四分之三的画面基本上被转移成流动的概念，也就是一种抽象的实体。

我曾在2013年的上海莫奈展上看到这幅画，似有印象。5年后再看到它，还是觉得很别致。

① Edited by Marianne Mathieu(2017), *Musée Marmottan Monet: A Guide to the Collections*, Paris: Musée Marmottan Monet, P. 181.

《小舟》，莫奈，1887 年，玛摩丹 – 莫奈美术馆藏

《小舟》和另一幅《吉维尼附近的塞纳河湾》都预示着《睡莲》组画的到来，虽然两幅画创作的时间相隔10年。

1896—1897年，莫奈又回到塞纳河之晨系列作品的创作中来，画中描绘的地点是艾普特河与塞纳河的交汇处。莫奈一般会在破晓之时起床，攀到船上，调整自己的位置以便直面绘画素材，然后四处游走，记下周围环境的细微差异。这些油画尺寸偏正方形，画与画之间在视角和构图上几无差异：高耸、茂密的树木框定了水域的范围，指引着观画者的视线朝中间的地平线望去。对莫奈而言，最重要的莫过于捕捉光线细微的波动，并且准确刻画出宁静的静态自然环境。于是，他凭色彩效果以及谨慎的色彩调和达成所愿。粉色和黄色轻描淡写地为画面提供了一抹暖色，象征着日出的到来。

《吉维尼附近的塞纳河湾》，
莫奈，1897年，
玛摩丹－莫奈美术馆藏

XIII

莫奈很喜欢伦敦，虽然只去过四次伦敦，但留下百余幅画作。第二次造访伦敦时，他以伦敦国会大厦为题画了整组19幅作品。《伦敦国会大厦，泰晤士河上的倒影》的视角为泰晤士河对岸的圣多马医院露台，1834年国会大厦老楼遭到焚毁，1840—1852年，建筑师查尔斯·巴里负责重建大楼，哥特式的垂直建筑在15世纪的英国建筑中非常有名，巴里的设计灵感即是来源于此。

《伦敦国会大厦，泰晤士河上的倒影》，莫奈，1905 年，玛摩丹－莫奈美术馆藏

莫奈并未刻画连绵垂直的大厦，而是以人工合成的手法描绘了日落时分阳光下鬼魅般的景象。大厦西北角的方形“维多利亚塔”占据了大部分冷色区域，冷色区中未描绘任何细节。

2013年上海莫奈展上还有一幅《伦敦查令十字桥，雾中烟云印象》，令我印象深刻。

“我喜爱伦敦，更甚于英国的乡下，”莫奈说，“在伦敦，凌驾于一切之上最令我喜爱的就是雾。”[①]莫奈惯用的系列做法决定了作品的整体风格，他应用无限变化的迷雾、晨雾，还有铁道上疾驶而过的火车的烟雾。穿越画作两边的铁桥，作为观看的支撑线，却常常淹没在颤抖的模糊中，而火车只能通过车头吐出的蛇状烟雾痕迹来辨认。

《伦敦查令十字桥，雾中烟云印象》，莫奈，1902 年，玛摩丹 – 莫奈美术馆藏

① 上海天协文化编:《印象派大师：莫奈》，上海书画出版社2014年版，第122页。

XIV

巴黎外70千米处的莫奈花园吉维尼是我一直想去的地方，可惜2017年夏天我们的行程太过匆匆，2018年冬天吉维尼又不开放，未能如愿。

我只能退而求其次，在艺术中欣赏莫奈花园：一个是前面所说的橘园美术馆，还有一个是玛摩丹－莫奈美术馆。橘园是全景式的布局，有些像电影，贵在气势；玛摩丹则反映了莫奈花园的多样性、复杂性，作品的实验性更强。

玛摩丹－莫奈美术馆还有一个好处，人很少，可以静心地看画思考；橘园美术馆像个剧院，川流不息，不容易看真切。

2013年的上海莫奈画展上对莫奈花园有很出彩的介绍：

吉维尼这一类亲水花园的重要前导者之一是拉图尔·马利亚克，他使新形态水池之色彩概念成为可能。他用一种来自欧洲与美国混种的特别鲜艳的黄色睡莲，即所谓的“马利亚克拉色彩睡莲”来取代白色的睡莲，对于色彩的热爱促使莫奈去购买这种睡莲，然后在他的水塘中进行色彩试验。粉红色、黄色中夹杂着非常稀少的蓝色，这种睡莲来自一种很脆弱的品种。最后的色彩的神来之笔是“日本桥”，依照1900年世界博览会日本馆策展人的建议，莫奈将弯弯的桥漆上了美丽的鲜绿色。莫奈总是避开对日本的直接参照，而安藤广重（Ando Hiroshige，1797—1858年）的紫藤激发了他，他从1905年开始用这种花来覆盖日本桥。同样，通往小池塘的竹林，其灵感也来自远东。

莫奈也认同时间与稍纵即逝的哲学，水塘的生态更加强了这种时光流逝的感受，我们甚至可以提出水的表面变成时间镜面的论调：“在水面之上，蓓蕾与花朵们被栽植、开花、绽放、闭合。在水面之下，缀满移动浮云的天空，摇曳的树枝与水草们纠缠在一起，随着温柔的水流聚集又消散。我故意指出这些运动的幻觉，而莫奈通过光影的真实为我们制造了这些幻觉。在这些可敬的作品中，万物恒动都具有生命，却都拥有只有最独特的作品才能拥有的艺术的沉静、丰满、庄重。”

睡莲系列是对观看和敏锐感受的真正革新。在水面上的天空倒影中捕捉时间，表现出一种越来越强烈的焦虑感，它弥漫在整个时代中——例如普鲁斯特对哲学家柏格森的回应，两人都指出：在时间的无常下，人类的意识是绵延不绝的，而此无常在20世纪初时最令人恐惧，莫奈并未忽略它。[①]

XV

我们按时间顺序看看玛摩丹－莫奈美术馆的一些描绘莫奈花园的作品。

《睡莲，夜的印象》。莫奈创作的首批画作仅描绘了水面、水生植物以及水中倒映的天空，地平线并未出现在画中，不同层次的事物在画面中紧凑地交汇在一起。睡莲宽大的叶面漂浮在水上，将流动的水面衬托得栩栩如生。莫奈不论是描绘花苞盛放还是含苞待放的场景都富于自然主义风格，这与他后来的主题大不相同。

《睡莲》。20世纪之初，睡莲池让莫奈陡生灵感，促使他开始创作一套新的组画，他将这组画作命名为《水景》。1903—1907年，他创作了一系列架上画，形制有正方形、圆形和长方形。莫奈的创作主题已转向空间而不是花朵，这标志着莫奈的创作迈入了一个重要的阶段。莫奈描绘的是一面水之镜，为了强化这一效应，他舍弃了所有涉及河岸的元素，构图不再基于地面；与上方的云朵类似，垂柳和池边草木均以水中倒影的形式呈现。莫奈

① 上海天协文化编:《印象派大师：莫奈》，上海书画出版社2014年版，第132页。

《睡莲，夜的印象》，莫奈，1897 年，玛摩丹－莫奈美术馆藏

《睡莲》，莫奈，1903 年，玛摩丹－莫奈美术馆藏

《睡莲》，莫奈，1907 年，玛摩丹 - 莫奈美术馆藏

对睡莲鲜有着墨，花骨朵也不过是用纯色简笔来绘就，营造出一派浮动的世界。

《睡莲》出自1907年的一组系列画。这组画布局狭长，在莫奈晚期作品中颇为独特。和之前的作品类似，这次的主题仍然是镜子般的水面：云的倒影以及生气勃勃的睡莲。画中图形均经过简化，细微之处则倾向于按模糊结构进行处理——莫奈既未对场景进行描绘，也未描绘倒影，更未刻画光线。从暖色调以及偏红的色彩可知，玛摩丹收藏的画作是夜的印象的变体版本。该组画中，其他作品则与一天中的其他时刻有关。

XVI

百子莲原产于南非，17世纪时荷兰商人将其引入欧洲，英国人路易斯·帕尔默将其在旧世界本土化，并为其赋予学名——百子莲。百子莲于夏日绽放，非常具有装饰性，下方浓密的叶片中探出一枝茎干，每枝茎干的末端都生有大约20厘米宽的伞状花序，花朵或蓝（莫奈画中的品种）或白。

《百子莲》，莫奈，1914—1917年，玛摩丹-莫奈美术馆藏

1915年，莫奈重新投入绘画工作中，他数次在画中描绘百子莲，他本打算将其中一幅用作橘园美术馆的大型装饰品，但之后改变了主意。《百子莲》中的茎干伫立在池塘的角落处，色彩变化营造出水生植物之感，睡莲和色彩的变化将池塘的水面衬托得栩栩如生。

《金针花》中的萱草，又名金针花，盛开于夏季，花萼优雅而色彩缤纷，下连一枝柔韧的茎干，茎干从一大片长而卷曲的叶片中探出头来。花的名字表明这种植物生命之短暂，英文名为“daylily”，意为“一日百合”。莫奈在花园中所种植的是中国“红色金针花”，由于花朵姿态优雅，20世纪早期流行在花园中种植。金针花出现在画面中央，近乎达到了和画板一样的高度，而花朵仿佛直接处于双色域内，构图中未见一丝透视的痕迹。底部可见长满绿草的池塘边缘，上方则是池塘及其倒影，画中并未出现用来抵消旁边金针花向上张力的睡莲。风吹得花向右倾去，为似乎过于静态的画面注入了生气。

《金针花》，莫奈，1914—1917年，玛摩丹－莫奈美术馆藏

《睡莲》。1912年5月28日至6月8日，莫奈在博恩海姆画廊举办的展览中大获成功，尽管如此，莫奈仍感到万分悲恸。他的妻子爱丽丝于前一年的5月19日去世，而莫奈亦处在神经衰弱的边缘，白内障也损害了他的视力。莫奈回顾1908至1909年间的威尼斯速写画后，顿感自己浪费了这些题材，因此他停止了作画。莫奈始终对朋友们敞开大门，而1914年2月10日大儿子让的去世又一次打击了他，此时法国首脑乔治·克里孟梭说服他重新拿起了画笔。

在战争肆虐欧洲期间，莫奈为了创作“以睡莲为题材的大型装饰作品”（1915年在莫奈的信件中出现了该术语）而新建了一个工作室，然后着手在构图以及色彩方面进行大量的试验。在早期的工作中，睡莲的形状和早期作

《睡莲》，莫奈，1914—1917年，玛摩丹－莫奈美术馆藏

品中的一模一样，但在睡莲下方，莫奈尝试采用新技法刻画水面中的映像和草丛。

《睡莲》中并未展现出任何空间标识。池塘水面上，作者眼中的实体元素和倒影汇集在一起。横跨水面的杨柳树叶簇拥成片，与睡莲交融在一起，鹅蛋形的睡莲以及紫色的色调打破了树枝垂直的流动感，睡莲红黄相间的花骨朵在冷酷色调的映衬下迸发出温暖的颜色。

它可能是一幅待售的架上画。这幅画显然与诸多“大型装饰作品”习作截然不同，尤其是构图之精心以及各元素表达之细腻，将色彩全无保留地铺陈于油画表面。

《睡莲》，莫奈，1916—1919 年，玛摩丹 - 莫奈美术馆藏

XVII

莫奈在吉维尼的睡莲池四周种植了四棵“巴比伦”垂柳，一棵在日本桥附近，两棵位于北端与马路平行的池塘边，还有一棵在池塘东面正对日本桥的池边。垂柳在第一次世界大战及之后十年莫奈创作的作品中多有出现，首稿中，池塘边位于角落处，精壮竖直的树干以及轻盈的枝条倒映在池塘中，静静的水面为树干和枝条起到了衬托作用。旋即，树干和河岸的感觉渐渐消失，莫奈奇迹般地构造出一派“浮动的世界”，在其构建出的平面世界中很难将实物和倒影区分开来，因此我们很难辨认出树木以及莫奈绘画时所处的位置。莫奈的这幅《睡莲》即是如此：两组柳枝位于画面边缘附近，为云彩倒影下方的睡莲起到了“铺垫”的作用。

《睡莲》，莫奈，1916—1919 年，玛摩丹－莫奈美术馆藏

《日本桥》系列画成为莫奈作品中奇特的异类。1895年，桥首次出现在他的作品中，当时桥是按现实主义风格绘成的，但在下面这幅《日本桥》中，桥却隐没在动感的笔触和浓郁的色彩下。画面以全景画的形式呈现，一座纤细的拱形桥从画面的一侧延伸到另一侧，成为独特的绘画元素。拱桥上长满了茂密的绿植，绿植以断断续续的笔触绘制成，使空间富于饱和感。作品按光影区域进行了精心布局，呈现出艺术家眼中的主观景致。

1919年，战争的号角吹响，与此同时，莫奈刚被诊断为双目均罹患白内障，这时的他不仅为昔日的老朋友去世（卡勒波特、摩里索特和马拉美等人）感到难过，更对亲人的故去伤感不已。在孤寂的岁月中，他独自在园中作画，创作了一系列的垂柳作品，仿佛在忍受着蚀骨的苦痛。莫奈对他种在水园边的柳树引以为豪，他常常花费数小时来观察这些柳树。

《日本桥》，莫奈，1918 年，玛摩丹 – 莫奈美术馆藏

《垂柳》，莫奈，1918—1919年，玛摩丹-莫奈美术馆藏

《垂柳》这组系列画中，树种在池塘的北侧，但水、树、云、花均未在这幅画中出现，画面专注于描绘坚实的树干以及拂动的枝丫，此外，色彩缤纷的枝丫垂垂而下，在有限的画面中摇晃着。莫奈采用了一种非常富于表现力的手法，他重点采用了明暗对比法，强化了树木的忧郁感。

莫奈选择采用植物来装点吉维尼花园，这些植物也体现出莫奈眼中理想花园的模样。1905年，莫奈在睡莲池上修建了一座日本桥，桥横跨池塘两岸。桥上悬挂着来自中国和日本的紫藤花，花朵垂垂而下，“花串白紫相间，那抹淡淡的紫色仿佛是水彩绘就”[①]。

玛摩丹－莫奈美术馆有两幅格式相同的以《紫藤花》为主题的油画，它们均描绘了悬挂着的花朵，花卉横跨画面上端，在美妙的紫色环境中浮动着。

莫奈最后创作的作品均为架上画，这些作品在用色上略显粗糙，与他早期精细的风格迥异。莫奈最后描绘花园的作品中，不少都难以定格其年代，

《紫藤花》，莫奈，1919—1920年，玛摩丹－莫奈美术馆藏

① Edited by Marianne Mathieu(2017), *Musée Marmottan Monet: A Guide to the Collections*, Paris: Musée Marmottan Monet, P. 202.

由于画中图案难以辨认，因此很难确认这部作品是否完成。在某种程度上说，这些作品也反映出莫奈已经受到白内障疾病的影响。

这幅《日本桥》中，满溢的色彩和垂直着色带来的朝气，显示出花朵已经盛开，为画面带来近似抽象的感觉。莫奈重视光线、空气以及所有干预他观察绘画题材的因素。这种绘画思路并不在于看见了什么，而在于“看”这一动作本身，从而为现代主义风格独辟蹊径，莫奈也因此成为个中先驱。

莫奈生涯晚期很少离开吉维尼。从1914年起，他一直致力于大型装饰作品的创作，这是他对法国政府的承诺。莫奈建造了自己的花园后，感到没必

《日本桥》，莫奈，1918—1924年，玛摩丹－莫奈美术馆藏

要再出游乡村地区寻找绘画题材，认为可以研究身边的主题，并就某个特定的题材来创作系列作品。夏季时分，莫奈的工作室变得沉闷起来，于是他带上架子和油画布来到花园中，为园中景致作画。例如，这条铺在门前的《玫瑰拱门下的小径，吉维尼》可与《日本桥》系列的作品相媲美。《日本桥》系列画的结构重点在于纤细的门拱，上面长满了茂密的绿植，从而使空间富于饱和感。莫奈白内障的病情主要影响画面前端部分，尤其是显眼的红绿区域以及后涂颜料部分均呈现出笔笔覆盖的模样，哪怕是让熟悉此处背景的人

《玫瑰拱门下的小径，吉维尼》，莫奈，1920—1922 年，玛摩丹 - 莫奈美术馆藏

来看这幅画，恐怕也很难指明这到底是哪里。

这些作品从未在莫奈生前展出过，此后也甚少为人所见，但莫奈作品中的个人风格无疑为20世纪的艺术灵感提供了一座最丰富的宝库。

第八章

罗丹博物馆

罗丹宣称："雕塑不过是压缩与突起的艺术罢了，不会逃出这个范围。"当然，至少在罗丹博物馆内无法逃出这个范围。这些形体似乎被迫回到它们原有的材质上，如果同样的压力续增，三维空间的雕塑会变成一种浅浮雕；再增加的话，浅浮雕将变成墙上的印痕。《地狱之门》正是这种压抑巨大且复杂的示范与表现。

I

奥赛博物馆已有多件奥古斯特·罗丹的雕塑，如五楼展厅莫奈的《鲁昂大教堂》系列作品前面的《青铜时代》。这件雕塑曾在比利时布鲁塞尔的艺术家俱乐部展出，由于技艺十分精湛，一篇匿名的评论文章先写了些好话然后笔锋一转，竟然说这件作品是用真人的身体铸模的，这种创作手法为真正的艺术所不齿。几个月以后，罗丹又把《青铜时代》的石膏件送交巴黎沙龙要求参展，但比利时那篇文章的偏见已经传到了巴黎。罗丹争辩说："要想从这些麻烦事中挣脱出来，我实在是既不够聪明也不够伶俐。"[①]他把比利时艺术界的评论、模特儿本人和雕像的照片都寄给评审委员会，并把根据真人制作的模塑件也寄给了委员会，以便评审们可以拿来跟作品对比。可是他白费劲儿了，评委会根本没理睬他。当然，最后这件作品被法国政府承认和收购。

《青铜时代》，奥古斯特·罗丹，1875年，奥赛博物馆藏

更有名的《地狱之门》原为巴黎装饰艺术博物馆而创作，但中途夭折，这件巨作被罗丹琢磨了20年，仍然没有竣工。他随时会有新的构思，时而在一些雕像中加进一个小形象，时而又把一些雕像拿掉，甚至把它肢解开来，在断臂断腿上发挥想象。最后，200多个形象被置于整件作品之中，无所谓对称

① [法] 埃莱娜·比奈：《罗丹：激情的形体思想家》，周克希译，吉林出版集团2015年版，第30－31页。

《地狱之门》，奥古斯特·罗丹，1880—1917 年，奥赛博物馆藏

《地狱之门》（局部）

不对称，其环环相套，组成一个纠缠、盘结的庞然大物。罗丹决定砍掉多余的人物，在1900年展出的石膏模型中，罗丹几乎删除了所有的圆雕。把《地狱之门》中的雕塑一件件分开来看，每件都具有生命力，可以独立存在，比如《思想者》《三个幽灵》《痛苦》《蹲着的女人》《亚当与夏娃》《乌戈利诺》等。所以，《地狱之门》成了一座丰富的形体宝库，是罗丹一生的创作源泉。

这样，我是不是要去罗丹博物馆（Musée Rodin）呢？想想罗丹博物馆室外的花园很赞，可以看到树丛中的露天雕塑，于是我特意预约了一个大晴天去，结果巴黎一直在下大雪，花园积雪，不让进。

Ⅱ

我在罗丹博物馆内仔细看了一遍，还是觉得应该来。

仔细看后，我觉得约翰·伯格的《看》中的一篇艺论《罗丹与性操控》对罗丹的作品概括得最到位：

博物馆里充斥着数以百计的人体，宛如雕像的作坊。如果你靠近其中任何一具人体雕塑，用眼睛仔细观察，会发现许多意外的趣味（例如手或口的细节描绘、主题的暗示）。但是除了《巴尔扎克》和早在20年前制作的《行走的男人》，没有任何一个形体能够独立站出来表达自己。根据雕像自由站立的第一原则看，没有任何一个形体足以主导它所占据的空间。

所有的雕像皆为其轮廓内的囚犯，这效果是累积而成的。你会察觉这些形体存在于一种可怕的压抑之下。罗丹宣称："雕塑不过是压缩与突起的艺术罢了，不会逃出这个范围。"当然，至少在罗丹博物馆内无法逃出这个范围。这些形体似乎被迫回到它们原有的材质上，如果同样的压力续增，三维空间的雕塑会变成一种浅浮雕；再增加的话，浅浮雕将变成墙上的印痕。《地狱之门》正是这种压抑巨大且复杂的示范与表现。"下地狱"就是将这些人体压回门内的力量，而《思想者》凝视着前方，咬牙握拳地抗拒外界的接触，自触碰到他的空气中蜷缩回来。

罗丹在世时，曾有肤浅的批评家攻击他对人体的残毁——切掉手臂、砍掉躯干等，虽然这类攻击是愚蠢的且是被误导的，但也并非没有依据，因为罗丹的大多数人体雕塑都被简化至几乎无法独立存在的地步，它们因压抑而受苦。

罗丹著名的裸体绘画也遭遇同样的命运，他画女人或舞者的轮廓时，眼

罗丹博物馆

《思想者》，奥古斯特·罗丹，1880 年，罗丹博物馆藏

睛并未离开模特儿，水彩是事后再填上的。这些绘画虽然颇具冲击力，但看起来的确像是被压扁的花朵或叶子。

通常描绘个体或群体的“动作”更能看出某些压抑的力量。有些成双的伴侣相互拥抱（例如《吻》中所有的肢体皆松弛无力，除了男人的手和女人的臂膀是向内使力的），其他伴侣们相互倾倒。人体拥抱大地，有人晕倒在地上。倾倒的女像柱仍承受着石头压下的重力，女体蜷曲着宛如被压缩在角落里，等等。

在罗丹的许多大理石作品中，人体和头本应该是自未曾切割的石块中浮现出来的，但它们看起来却像是被压回在石块之中，依照这个暗示发展下去的话，这些人的形体不会独立出来获得解放，反而会消失不见。[①]

游客与罗丹名作《吻》之间的互动

① [英] 约翰·伯格：《看》，刘惠媛译，广西师范大学出版社2015年版，第246－250页。

Ⅲ

约翰·伯格认为，作为一个雕塑家，罗丹绝对拥有绝佳的天赋与技巧。然而，因为他的作品中所显示出来的弱点，我们必须检视他人格个性上的架构，而非仅是参考他自己发表的看法。

所有研究、写作有关罗丹的雕塑艺术的人都注意到了这个艺术家在感官上或性欲上的特质，虽然许多人只是把他的性欲视为调味料而已。但伯格强调，它恰恰是罗丹艺术创作的主要动机，绝不是弗洛伊德所谓的潜意识。

伊莎朵拉·邓肯在她的自传里曾经描述罗丹是如何试着引诱她的一段故事，虽然她终究拒绝了，但是事后也颇为后悔。她回忆道：

罗丹的身材虽然短小，却宽厚有力，他有着方整的额头与浓密的胡须。有时他喃喃低语着他雕塑的名称，但你会觉得那些名称对他而言毫无意义。他的手抚摸它们且爱抚着它们，我当时认为在他的手下，大理石就如熔化的铅般流动着。终于他拿起一小块黏土，在双掌间搓揉。这样做的时候，他的呼吸变得沉重起来——一会儿工夫他便捏好了一个女人的胸脯。然后我开始向他解释新舞蹈的理论，但很快我便知道他根本没听进去。他用半合的眼神注视着我，眼里闪着熊熊欲火，接着他带着观看作品一样的表情向我走来，他的手指摸过我的唇、我赤裸的腿和脚，他开始捏揉我的身体，如同它就是黏土一样。他散发出来的热情将我焚烧熔化，当时我所有的欲求就是希望自己完全屈从于他……[①]

① [英] 约翰·伯格：《看》，刘惠媛译，广西师范大学出版社2015年版，第251页。

罗丹在征服女人方面的成就自他开始成为成功雕塑家的时候（约40岁）就展露无遗，当时他在艺坛的情势大为看好，他的知名度也提供了一种承诺——伊萨朵拉·邓肯描述得非常好，因为她以拐弯抹角的方式来描绘它。他对女人的承诺就是他将会塑造她们，她们会变成他手中的黏土。他与她们的关系象征着他和雕像之间亲密的关系。

我们或许可以认为皮格马利翁（在希腊神话中他爱上自己创作出来的女子形象）式的承诺是男人吸引女人的普遍要素，但在罗丹的例子里，重要的是他显然被皮格马利翁式的承诺所吸引。伯格怀疑他在邓肯面前玩黏土不仅仅是引诱她的伎俩而已：那介于黏土与肉体间的情绪同时也取悦着他自己。

罗丹自己对“美第奇的维纳斯雕塑”的描述是：

这不是很奇妙吗？承认你并不期望会发现这么多的细节！瞧那连接身体与大腿凹处的无数起伏——注意那臀部的曲线——啊！这里！腰部以上令人赞叹的凹点——这是真实的肉体——你会认为它是以爱塑造出来的！当你触碰身体时，会不由自主地期待着感受到温暖。①

这已经造成了一种迷思—— 一种性对象的反转。传说中的皮格马利翁创作了一个雕像又不自主地爱上了她，他祈祷她能获得生命，成为独立的生命体，而他能以平等的地位而非创造者的角色与她相遇。罗丹则希望创作者与被创作者之间的爱恨并存以至不朽，女人于他，犹如他的雕塑创作；反之亦然。

① [英] 约翰·伯格：《看》，刘惠媛译，广西师范大学出版社2015年版，第253页。

Ⅳ

伯格认为：我们现在终于了解到罗丹的雕像为什么没法主导周围的空间，它们的形体被他所掌控的力量压缩、拘禁，他的作品只是他自身自由与想象的表现，但因为黏土与肉体的交错深植在他的意志中，迫使他必须将它们当作自己对付权威和势力的挑战。

这也是他为何只使用黏土创作，从来不碰大理石，却将这难以驾驭的材料交予雇员切割的原因。他的观察便是唯一且适当的诠释："当上帝造物时，第一件想到的事便是塑形。"[①]这也是他之所以觉得必须将他在默东的工作室保持得像停尸间一样最合理的解释，在那里充斥着塑好的手、腿、脚、头、手臂，他可以把玩着，思索着它们是否可以加到新的躯体上。

为什么《巴尔扎克》是唯一的例外呢？因为这件雕塑象征着一个拥有横跨全世界力量的男人。所有研究罗丹的人都同意罗丹将自己比拟为巴尔扎克，在这件裸体作品的习作中，性别的意义表露无遗，我们看见他的右手紧握着勃起的阳具，这分明是一尊拥有男性权力的雕像。弗兰克·哈里斯（Frank Harris）曾经讨论另一批次的巴尔扎克的习作，那篇评论同样适用于完成之后的作品，他指出："在那衣袖空荡的僧袍下，这男子挺立着，手紧握着生殖器，头向后仰。"[②]这件作品直接确立了罗丹对性权力的掌控，换句话说，只有在创作《巴尔扎克》时，也许是他生命中唯一的一次，把黏土变成阳性。

罗丹雕塑生动地呈现出19世纪下半叶中产阶级的性道德观：一方面是虚伪与罪恶促使强烈的性的欲求——即使这欲求可得到一般的满足——变得炙热且幻化不定；另一方面则是畏惧女人（一如财产）的逃脱，而需要不断地控制她们。

①②[英]约翰·伯格：《看》，刘惠媛译，广西师范大学出版社2015年版，第255页。

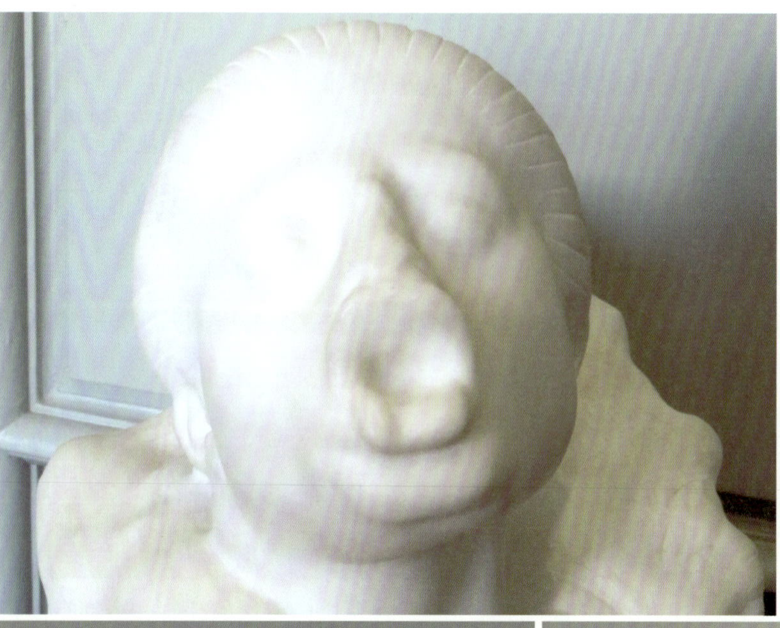

罗丹博物馆

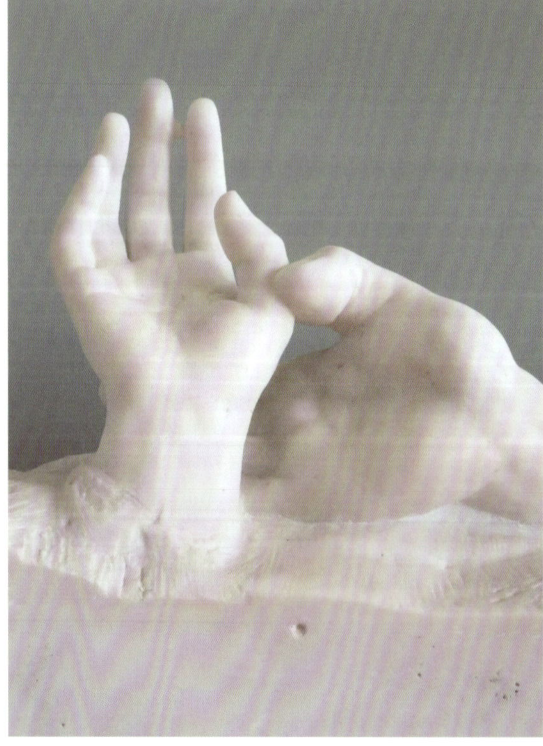

雕塑作品

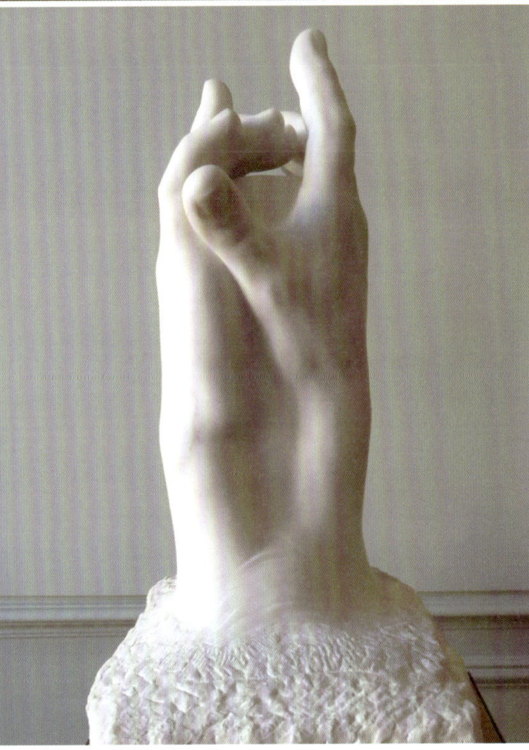

罗丹博物馆雕塑作品

V

我们根据官方指南看一些罗丹博物馆的雕塑。

《乌戈利诺和他的孩子们》，
奥古斯特·罗丹，1881—1900年，
奥赛博物馆藏

在奥赛博物馆中，我曾写到卡尔波的雕塑《乌戈利诺和他的孩子们》，被囚禁的主人公因饥饿被逼疯，吃了他的孩子，他也因此被永远诅咒。整整20年后，罗丹处理了同样的主题，但与卡尔波明显不同。在《地狱之门》上雕刻的这组雕像中，罗丹刻画的正是这出悲剧高潮之前的场景：乌戈利诺爬上了他奄奄一息的孩子的身体，但他的兽性还未完全爆发。他全身赤裸，面部扭曲，俯身在地，这个绝望的人已失去了人类所有的尊严，如此耻辱的姿态在当时的艺术界是闻所未闻。罗丹将这组人物放在《地狱之门》中的一个显要位置上，然后决定再为人物的铸像制作一个独立的版本。

这组人物的放大版约于1904年完成，如今，其巨型的青铜雕塑版本矗立在毕洪宅邸（Hôtel Biron）花园的泳池边上。1900年在阿尔玛亭办展时，罗丹展出了他制作的小型雕像，这些作品中的人物都站立在高大的、覆有叶饰的石膏底座或石柱上。

Ⅵ

1883年，记者埃德蒙·巴奇尔建议罗丹制作一尊名人像来提升他的知名度，他把罗丹介绍给了维克多·雨果，但是雨果拒绝在外面摆放他的造型，而是把罗丹请到了他位于戴劳大道的家中，让罗丹在自己吃饭或午睡的时候为自己画几幅小像。

罗丹先在手掌或烟纸上把他从不同角度观察到的诗人的头部画成素描，然后再冲到外面的走廊上，那里设有一个转台，可以将他匆匆记下的形象用黏土再现出来。根据记忆创作，这种方法是他从布瓦博德朗那里学来的，事实证明这种方法非常有效。

《雨果胸像》（又名《杰出大师胸像》）完成于1883年，即雨果去世的前两年。罗丹一直都很钦佩但丁和波德莱尔这样的诗人，所以雕塑家在雕像的脖子下面刻下了“致杰出的主人”这样的文字，似乎在向他致敬。后来，罗丹又对塑像进行了重新加工，切掉了礼服翻领的下部，去掉了底座，创作了一个更精致的版本。

《雨果胸像》，奥古斯特·罗丹，1883 年，罗丹博物馆藏

Ⅶ

在但丁的《神曲》中，“幽灵”——死者的灵魂——站在地狱的入口处，指着一段含混不清的文字，“抛弃一切希望吧，你们这些由此进入的人”①。罗丹对幽灵作了大量研究，最后才决定把三个有明确身份的人组合在一起，他们好像朝着同一个方向转过了身。他把《三个幽灵》放在“地狱之门”的顶上，在这里，他们可以注视着下面的众生。1904年，他又将他们放大，制作了一个巨大的独立雕像。罗丹在1880—1881年创作青铜雕塑《亚

《三个幽灵》，奥古斯特·罗丹，1886 年前，奥赛博物馆藏

① Edited by Catherine Chevillot and Aline Magnien(2017): *Guide to the Musée Rodin Collections*, Paris: Éditions du Musée Rodin, P. 55.

当》，亚当扭曲而痛苦的姿势也被《三个幽灵》所借鉴，在他的身上，我们明显可以看到米开朗基罗的影子。《三个幽灵》的头低下的角度显得太过夸张，脖子和肩膀几乎都在一条直线上。正是通过扭曲人体结构的方法，罗丹的雕塑获得了一种在当时无人超越的表现力。

Ⅷ

1891年，法国政府购买了《她曾是制盔者的娇妻》，之后于1892年转入巴黎卢森堡博物馆收藏。然而，这个图案最初是在1887年制作的《地狱之门》雕塑的壁柱上出现的，人们在“西贡花瓶”的瓶身也发现了它的身影，这个花瓶是罗丹和儒尔·德布瓦（Jules Desbois，1851—1935年）在1888—1889年为塞夫勒瓷器厂制作的。

《她曾是制盔者的娇妻》，奥古斯特·罗丹，1885—1887年，罗丹博物馆藏

《她曾是制盔者的娇妻》是受到法国诗人弗朗索瓦·维庸的诗的启发创作的，在1890年巴黎国家艺术协会沙龙上亮相，它可能与中世纪晚期流行的丑之美学和“死亡警告”等主题有某种关联。在罗丹还在搜索创作素材的时候，人类的命运，特别是女性的命运这样的命题已经被德布瓦以雕塑的方式探索过

了。罗丹设计的这件《她曾是制盔者的娇妻》据说是《地狱之门》大型雕塑的装饰，也是对德布瓦创作的《悲惨》的回应。德布瓦原来是罗丹的粗坯工匠，后来成为知名雕塑家。在这个人物的身上，现实中的丑变成了艺术家眼中的美，因为它非常具有表现力，也体现了人物的力量。

《干涸的泉源》首次于1889年在巴黎的乔治珀蒂画廊展出，标题为《浅浮雕，两位老妇，其中一个有待修改》。最后一句话印证了罗丹创作的现代性，他明确指出这件作品没有完成，是由同一个人体的镜像画面组成的。

《干涸的泉源》，奥古斯特·罗丹，1889 年，罗丹博物馆藏

事实上，罗丹再次使用了《她曾是制盔者的娇妻》中的同一个形象，同时将两个一模一样的老妇面对面放在一起，再次实施了一次复制过程，这也是他在1886年前制作《三个幽灵》时使用过的方法。这个标题残酷地指出了她们生育力的丧失，同时也让人们想到了她们与年轻的母亲和孩子的对比，而后者也是罗丹在这个时期多次探索的主题。人物上面的纺织覆盖物构成了她们避身的洞穴的模样，这让人想起了《山洞里的年轻母亲》组雕，它也形成了一种装饰。除了主题之外，在这两尊雕塑里，光与影交织的特点表现得淋漓尽致，这样也使得《干涸的泉源》变成了介于高浮雕与独立雕塑之间的作品。

Ⅸ

《吻》这件雕塑中的主人公原本代表保罗和弗朗西斯卡，这两个人物也取自但丁的《神曲》。这对情侣初次接吻的时候，被突然出现的弗朗西斯卡的丈夫杀死了，他们被罚在地狱里永远游荡。奥赛博物馆中也有相同主题的作品，我曾作过介绍。这组人物是罗丹为精心制作的《地狱之门》设计的，当时它们被放置在左侧门下面的一个显眼的位置上，与《乌戈利诺》刚好相对。直到1886年，罗丹才认为它所蕴含的纯粹的幸福感和欢愉与这个大型组雕的主题不符。

于是，他把这对人物雕塑变成了一个独立的作品，并在1887年展出。流畅光滑的人体、动感十足的造型和迷人的主题使这组人物像一经完成就大获成功。由于没有任何故事能够说明这对恋人的身份，所以人们就把它叫作《吻》，这个抽象的标题很好地表达了这件作品永恒的特点。法国政府委托罗丹制作一件放大版的大理石像，他花了将近十年的时间才交出作品。直到

《吻》，奥古斯特·罗丹，约 1882 年，罗丹博物馆藏

1898年，他才同意把这件他称作“大型摆件”的雕塑作为他大胆创新的《巴尔扎克》雕塑的姊妹篇一同展出，而《吻》的出现能够让观众更容易接受他为这位大作家制作的雕像吧。

X

“伊丽斯”这个人物设计于1891年，在罗丹1897年为《维克多·雨果纪念碑》制作的第二个项目中，这个人物的身上还长着一对翅膀，做着俯冲的动作。但在1894年，她被放大了，她的姿态向上旋转，成了竖直的状态，经亚历克西斯·卢德铸造成了一尊铜像，1896至1898年间，她被放置在《地狱之门》前，供大家拍照留念。

《众神的信使伊丽斯》，奥古斯特·罗丹，亚历克西斯·卢德铸像，约1895年，罗丹博物馆藏

在希腊神话里，伊丽斯是人类世界与神界的信使。这件雕塑名为《众神的信使伊丽斯》或《飞人》，甚至叫作《永恒的通道》，它不仅具有象征和神话双重含义，同时也表现出令人震撼的姿态。罗丹选择的这个人物的姿态不禁让人联想起法国19世纪现实主义画家库尔贝创作的《世界的起源》（1866年），这样的姿势虽招致非议，但也增加了魅力。这个人物悬在半空中，充满了活力，她的动作好像是法国的康康舞者或者伸展肢体的体操运动员一样。

Ⅺ

《沉思者》（又名《内心的声音》）中的人物呈S形曲线站立，她的身体结构也不完整，这件雕塑源自《地狱之门》鼓室上的一个人物，是受到米开朗基罗的启发设计的。在放大成《内心的声音》之前，她被重新雕刻在《维克多·雨果纪念碑》里。她象征着给诗人带来灵感的一位缪斯，为了把她加入纪念碑里，罗丹不得不将她的手臂和腿上的一部分切除。此外，1897年这件雕塑还以这样的姿态在德累斯顿和斯德哥尔摩两地展出，但是由于其外表残缺，公众仍然觉得它难以理解。不过，罗丹对它倒是情有独钟，对此，诗人里尔克这样说道："她的两条手臂神奇地消失了。然而，在这种情况下，罗丹却认为它们与试图不通过任何外在的辅助就能展示出美的躯体……对于罗丹的无臂雕塑来说，这样的解释是正确的，重要的东西一样也没有缺失，你站在她们面前的时候，会觉得她们好像是一个不容许进行任何补充的整体。"①

① Edited by Catherine Chevillot and Aline Magnien(2017): *Guide to the Musée Rodin Collections*, Paris: Éditions du Musée Rodin, P. 75.

《沉思者》，奥古斯特 · 罗丹，1896 年，罗丹博物馆藏

Ⅻ

对巴尔扎克的身体和头部进行仔细的研究后，罗丹最后组合成了《巴尔扎克纪念碑》。巴尔扎克的身体和头部传达了它们自身的价值，当他的头已经从画像转为浓缩了丰富的表情特征的塑像的时候，他的身体也转向了另一边，渐渐转变成由自然垂下的睡衣勾勒出的和谐的、微妙的、淡化的轮廓。

罗丹花费了六年的精力终于在1898年创作出来的是一座具有突破性意义的纪念碑，抛开与作家有关的一切事物（椅子、笔、书……），他的“巴尔扎克”与其说是人物像，不如说是对目光如鹰隼一样俯瞰着世界的具有远见卓识的天才的强有力的呼唤，或是对写作时习惯裹着僧人穿的宽松袍子的伟大创造者的呼唤。

由于这块纪念碑太过新颖，它在1898年揭开面纱时引起了广泛的抨击，最终，委托人也取消了订单。罗丹从未见过这块纪念碑刻成青铜铸像的样子，现在的这尊铸像是博物馆藏品，制作于1935年，另一尊屹立于巴黎拉斯帕伊大街上的铸像制作于1939年。

《巴尔扎克纪念碑》，奥古斯特·罗丹，1897 年，罗丹博物馆藏

XIII

毛里斯·费纳耶是罗丹的朋友和赞助人，他既是企业家，也是慈善家，他在1898年，也就是“巴尔扎克纪念碑”事件闹得沸沸扬扬的时候委托这位雕塑家为他的妻子制作一尊雕像《费纳耶夫人》，似在表达他对这位朋友一如既往的支持。

玛丽·费纳耶是一个外表靓丽的年轻太太，她的肖像制作了大小两个版本，这也成为其他版本的基础，这些版本偶尔会有一点点差异。现在的这件作品不是像《罗尔夫人》（1887年）或《维库纳夫人》（1888年）那样供上流社会欣赏的雕像，更像是私人肖像，自19世纪90年代以来，罗丹更喜欢雕刻和他关系密切的人的面孔：比如卡米尔·克洛岱尔（Camille Claudel，1864—1943年）、露丝·贝莉和罗素太太。这里，罗丹利用了这个年轻模特所代表的双重身份——这个世界上的一个普通女子和他的一个女性朋友，在创作时，他让她的脸倾斜到一边，以突出她那温柔而迷人的表情。

《费纳耶夫人》，奥古斯特·罗丹，约1900年，罗丹博物馆藏

罗丹博物馆最近购得的这件石膏半身像表现了这位艺术家不懈的观察和研究，这一点在人物的头发和脖颈处的反复修改表现得最明显，因为这两个位置的黏合处显得很不自然。

前两个大理石版本的雕像忠实于模特的外表特征，另外两个后期的版本则具有寓言特色。准确地刻画这位年轻女子并不是什么难题，关键在于作品能让观众感受到她的存在。当你仔细端详这件雕像的时候，会发现隐藏在手后的脸好像慢慢地陷入未经雕刻的大理石块里。人物的身形似乎与大理石融为一体，而雕刻家对作品的处理——显然没有完成——则暗暗引出了米开朗基罗的雕塑。

XIV

《大教堂》这件作品是用石头雕刻的，上面仍然保留着工具雕刻的痕迹，它是由两只右手组成的作品，这两只手属于两个不同的人。它曾经的名字是《圣约柜》，后来被命名为《大教堂》，很可能是罗丹在1914年之后改的名。它们的相似之处可能来自约柜的造型和哥特式的宗教建筑产生的神秘的内部空间。空白是罗丹经常使用的一种要素，就像里尔克指出的那样：对他而言，“空气的角色一直都非常重要”[①]。这件作品与《秘密》非常相似，与他在1900年后频繁

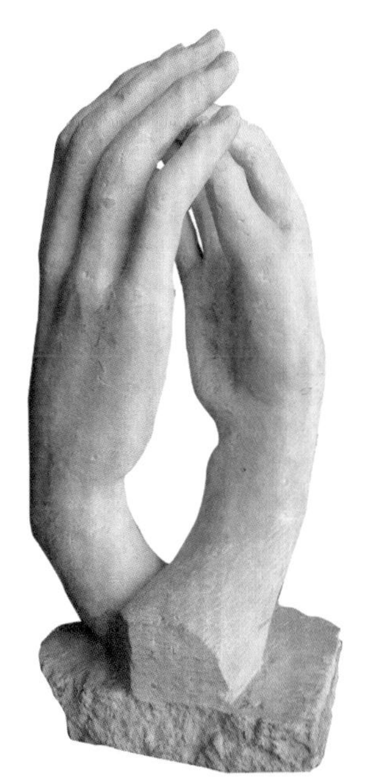

《大教堂》，奥古斯特·罗丹，1908 年，罗丹博物馆藏

① Edited by Catherine Chevillot and Aline Magnien(2017): *Guide to the Musée Rodin Collections*, Paris: Éditions du Musée Rodin, P. 105.

雕刻的那些大理石作品属于同一个系列，如《上帝之手》《魔鬼之手》《情人之手》和《坟墓里伸出的手》。但是，从更广泛的角度来看，这件作品着重突出了罗丹对这些手的偏爱和激情，就像他收藏的古代作品中的片段一样，罗丹将它们分离出来，赋予它们一个更加精致、更加独立的造型。

XV

1883年，罗丹遇到了19岁的女学生卡米尔·克洛岱尔。

在卡米尔出生前的15个月，她母亲失去了一个男孩——长子路易。她祷告圣母玛利亚再赐给自己一个男孩，却生下了卡米尔，因此从卡米尔一出生，母亲就很讨厌她。

两年后，第二个女儿路易斯出生了，她是母亲最喜欢的孩子。再两年后，男孩保罗出生。

外省的卡米尔家简朴但不贫穷，父亲有着一份公职，也很疼爱他们。可母亲对路易斯的偏爱以及深藏内心对卡米尔的怨恨，让他们一家缺少欢乐。“我很早便理解生活就是一场悲剧”①，保罗后来在提到自己童年家庭的压抑气氛时如是说。

很特别的是，虽然父母没有任何艺术才能，三个孩子却都很早地表现出艺术天赋——卡米尔之于雕塑，路易斯之于音乐，保罗之于文学。而且，卡米尔与保罗后来把自己的才能发展成了职业。

保罗晚年回忆姐姐卡米尔时说到她有一双深蓝色的眼睛，“是那种极其罕见的深蓝，只有小说中才有”，几乎是紫色（葡萄的颜色），“那是一双绝美无比的眼睛”。“完美无缺”的额头、鼻子让她有某种“给人印象深刻

① [法] 多米尼克·博纳：《克洛岱尔情结：卡米耶与保罗的一生》，王恬译，华东师范大学出版社2010年版，第20页。

的气质——勇敢、坦白、优越、快乐”。她还拥有一张性感的嘴巴，或者说“骄傲多于性感”[①]，深褐色浓密的头发放下来一直垂到腰际。卡米尔是一个漂亮的女孩子，在乡间，人们会说她是一株漂亮的植物，结实而丰满。

很特别的一点是，她有点瘸，行走时身体有一种轻微的扭动，仿佛掉了一只鞋子，但这没有让她有丝毫不便，她走路非常快。

XVI

卡米尔6岁开始捏泥巴，13岁开始上雕塑课。1881年，她创作了第一件雕塑作品《13岁的保罗·克洛岱尔》，在姐弟启程去巴黎生活的第一年，1884年创作的另一版保罗雕像在1887年的沙龙上展出。

保罗六七岁开始写作，13岁时写出了第一个剧本。

虽然他们全家搬到了巴黎，似乎只有这姐弟俩享受到了巴黎的文化生活，他们亲密无间，出入相同的社交圈，涉足相同的沙龙。

姐弟俩的个性都蕴藏着暴戾。法国文学家罗曼·罗兰评价保罗是感性、极端、冲动，“个性暴戾、炽热而敏感，会膨胀至极”[②]。

卡米尔的暴戾倾向十分强烈，所以保罗将其定性为“她有一种令人恐惧的暴戾的性格”。但他也坦承：“和我们大家一样一触即怒、极度专制”[③]，这是克洛岱尔家人所共有的性格。

这时，罗丹闯入了卡米尔的生活。

1885年，卡米尔成了罗丹的助手，他们相差28岁。作为助手，卡米尔帮助罗丹创作了《地狱之门》和《加莱义民》等作品，我们知道她为此做了重

---

① [法] 多米尼克·博纳：《克洛岱尔情结：卡米耶与保罗的一生》，王恬译，华东师范大学出版社2010年版，第27页。
② [法] 多米尼克·博纳：《克洛岱尔情结：卡米耶与保罗的一生》，王恬译，华东师范大学出版社2010年版，第65页。
③ [法] 多米尼克·博纳：《克洛岱尔情结：卡米耶与保罗的一生》，王恬译，华东师范大学出版社2010年版，第66页。

要的贡献，但无法具体到是哪些细节。

这期间，卡米尔成了罗丹的缪斯，罗丹以她为模特，为她塑造了至少12尊雕像。

《戴软帽的卡米尔·克洛岱尔》是用不同的材料制成的，最初采用的是无釉赤陶，再后来，也就是1911年的时候又加入了青铜和玻璃体浆料。她的脸上闪烁着美丽与天才的光辉，但透出一种疏离感。通过留下创作的痕迹使自己的创作方法清晰地展现在大家的面前——例如卡米尔眼角的像泪珠一样的黏土粒，铸模身上的如同许多疤痕的裂缝——罗丹凭借他雕塑的介质引出了一种隐含的忧伤，这是这位模特与他之间的情感距离，而她则注视着远方。

《戴软帽的卡米尔·克洛岱尔》，
奥古斯特·罗丹，约 1884 年，
罗丹博物馆藏

XVII

罗丹很快陷入了对卡米尔的热恋中，但卡米尔拒绝接受罗丹的感情，也许是因为害怕罗丹一发而不可收的猛烈攻势吧。

《戴软帽的卡米尔·克洛岱尔》，奥古斯特·罗丹，1911 年，罗丹博物馆藏

于是，罗丹走到了崩溃的边缘："我可怜的大脑已经坏了，早上我无法起床。今晚，我（花了几个小时）找遍了我们去过的所有地方，但怎么也找不到你，这比死还要痛苦，我的垂死挣扎是如此的漫长……"①

1886年夏天，卡米尔在罗丹的两个学生的陪伴下逃到了英国。回来后，卡米尔出于挑衅和娱乐的目的，要求罗丹签了一份奇怪的契约，主要内容是罗丹不能碰其他任何一个女人。

最终，卡米尔还是爱上了这个比她大28岁的男人，她因此疏远了弟弟保罗，并离开家庭在外面租房与罗丹同居。

毋庸置疑，他们师生二人的交往是建立在平等的基础上，他们的一位密友说："所有经常光顾大学街工作室的人对卡米尔的印象就是，她总是在忙自己的工作，揉黏土、给面前的雕像制作脚或者手的模型。我曾说克洛岱尔小姐是罗丹一位既有见地又聪明的合作者，罗丹很快意识到她将来会成为伟大的艺术家，于是便把她当作伟大的艺术家一般看待。就凭自己那丰富的经验，罗丹可以和卡米尔交流一切可交流的东西，不论遇到什么事情，他都会询问卡米尔的意见。他说过，这种被理解、看到自己期待的东西总是被超越的幸福，是他艺术生涯中最大的快乐之一。"②

《罗丹》的作者安托瓦内特·诺曼德·罗曼认为，两人的作品有许多共同点，并将罗丹博物馆内卡米尔的《拿着花束的女孩》与罗丹的《嘉拉蒂》作比较，认为极为相似。但我个人觉得卡米尔的作品更为神经质，感觉要更为敏锐。

下面看几件罗丹博物馆官方指南中的卡米尔作品。

①② [法] 安托瓦内特·诺曼德·罗曼：《罗丹》，蔡莲莉、顾珏弘、贾彤译，北京美术摄影出版社2015年版，第76页。

《拿着花束的女孩》，卡米尔·克洛岱尔，约 1886 年，罗丹博物馆藏

《嘉拉蒂》，奥古斯特·罗丹，约 1887 年，罗丹博物馆藏

XVIII

《克洛索》石膏版本于1893年在巴黎的国家艺术协会沙龙上展出，作品的创作灵感来源于希腊罗马神话。1895年，为了向19世纪著名的法国画家夏凡纳致敬，成立了一个捐助基金，于是，卡米尔接到了为这个雕像制作大理石版本的任务。该版本于1897年完工，并于1899年在艺术沙龙上展出，不幸的是这件大理石雕像如今已经遗失。

《克洛索》，卡米尔·克洛岱尔，1893年，罗丹博物馆藏

克洛索是命运三女神中最年轻的一位，三女神决定着人类的命运。人像以一个年老女人的面貌表现出来，这个雕塑属于罗丹和卡米尔·克洛岱尔关于“衰老的刻画”的艺术讨论的一部分。基于这个主题，罗丹于1885至1887年间创作了《她曾是制盔者的娇妻》；而他的助手儒尔·德布瓦则于1894年根据同一个模特创作了赤陶土版的《悲惨》。

她的头发如同圈套般牢牢地将她困住，它们全部的重量都压在她的头上，使她不堪重负。

1893年，卡米尔在写给保罗的一封信中，提到了一个描绘三个女人坐在屏风后听另一个人讲话的小群像。可能是在火车车厢上看见的一幕给了她启

《悲惨》，儒尔·德布瓦，
1894 年，奥赛博物馆藏

《聊天的女人》，卡米尔·克洛岱尔，
1897 年，罗丹博物馆藏

发，1895年，《聊天的女人》的石膏像在巴黎艺术沙龙上展出。两年之后，它的缟玛瑙加青铜材料制作的版本也在该艺术沙龙上展出。这件作品的另外两个版本，即大理石加青铜版本的以及大理石或石膏版本的分别存于公共和私人的收藏品中。

《聊天的女人》在1895年的沙龙上展出时的标题是《生活研究》，它是卡米尔最为独特的作品之一。罗丹博物馆收藏的这个版本侧重于它珍贵的制作材料以及女人身上所体现的日本文化的影响，女人们的姿态可能表明她们正聚在一起闲聊八卦，但她们裸露的身体、头发和微微凸起的下巴体现的含义似乎与之相去甚远。在其他版本中，她们的头发几乎成了独立的物体，这不过是更加突出了这种熟悉的场景的古怪之处。

XIX

1897年，《海浪》的石膏像在沙龙上展出，与《聊天的女人》一样，它几乎也是全部经由卡米尔的双手完成的。这三个相同的小型青铜女像在看见朝她们席卷而来的条纹大理石打造的海浪时都弯曲着膝盖，就像卡米尔这个时期创作的许多作品一样，我们在这里好像也看到了命运的意味。

从风格上看，卡米尔选择使用略次一点的珍贵材料，比如说条纹大理石，表现出她与同时代艺术家对于色彩的交织和材料的自然色彩装饰的喜好。在这里，青铜与石头的绿色纹路刚好呼应。

《海浪》，卡米尔·克洛岱尔，1898—1903年，罗丹博物馆藏

《海浪》在创作上受到了日本艺术的影响，在色彩和造型上都与葛饰北斋（Katsushika Hokusai，1760—1849年）的著名木刻版画非常相似。这是一件装饰性的作品，光线的运用在这里占据了重要的地位。

据1893年12月卡米尔写给保罗的一封信上所说，《成熟岁月》的第一个版本创作于1894至1895年之间，而我们只保留了它的一个石膏样本。信中，卡米尔将它称为“三人组雕”，卡米尔打算在人物中添加一棵倾斜的树，以更加突出她所认为的命运的中心思想。

《成熟岁月》的第二个版本是法国政府于1895年预订的，尽管这件作品顺利完成了，政府也于1898年支付了费用，卡米尔最终却没有将该作品交付给政府。然而，它两次被铸成青铜雕像，第一件铜像是为私人客户蒂西耶上尉铸造的（现藏于巴黎奥赛博物馆中），第二件铜像由卡维哈尼铸造于1913年，然而，人们认为它的石膏样本在这次铸造过程中丢失了。

《成熟岁月》，卡米尔·克洛岱尔，1899 年，罗丹博物馆藏

这件作品通常被认为具有自传的意味，描绘罗丹在老伴侣罗丝和年轻的情人卡米尔之间的犹豫不决。最重要的是，这件精心设计的雕塑是命运主题的另一种表达，男人已无法抵抗被衰老和死亡带走的命运，只能无奈地从苦苦哀求的年轻女人的手中被拖走。起伏不平的褶皱、浓烈的阴影表现了“新艺术”美学对它的影响。

《维尔图努斯与波摩纳》用不同的材料制作过，也曾有过很多不一样的名字。受到印度戏剧中关于沙恭达罗因魔咒与丈夫长久分离后再次相聚的故事的启发，这件作品大约在1886年制成了一尊石膏雕像。在国家委员会的一再要求下，加上卡米尔对罗丹的希望逐渐破灭，这件作品最终在玛格丽特伯爵夫人的帮助下于1905年雕刻成大理石塑像。此时，它被命名为《维尔图努斯与波摩纳》。同年，由欧仁·布洛铸造的青铜雕像也以《遗弃》之名在“秋季沙龙”上展出。因此，作品的主题就从印度神话转移到了希腊神话上，然后又转到心理或个人历史上。

《维尔图努斯与波摩纳》，卡米尔·克洛岱尔，1905年，罗丹博物馆藏

XX

罗丹曾发誓娶卡米尔，但从上面的《成熟岁月》雕塑中可看出，罗丹无法与罗丝分手。罗丝是罗丹在1864年遇见的，她当时才20岁，在附近当裁衣女工。直到1866年儿子降生了，罗丹才把罗丝带到家里，介绍给家人认识。此时的罗丝不再美丽，也不再年轻，甚至没有真正被接纳。他们的儿子，罗丹也不愿意公开承认，罗丝和罗丹见面也是偷偷摸摸的。但是，罗丝对罗丹始终如一，陪伴了他53年之久，两人直到1917年才结婚，同年相继去世。

总之，在与罗丝的长久相处中，罗丹找到了一种习惯性的舒适，他对这个具有奉献精神的女伴怀有很深的感情。

卡米尔终于知道罗丹无法离开罗丝，决定离开罗丹，但这个过程无比痛苦，卡米尔至少为罗丹堕过四次胎。

最后是彻底的远离，卡米尔连续搬家，自1895年以后，卡米尔就拒绝看到罗丹，拒绝为他开门，甚至避免与之在城中有可能碰面的沙龙里相遇。

卡米尔曾与音乐家德彪西相恋，但也没有结果。而卡米尔的日常生活并不富裕，常遇到经济上的困难，疼爱她的父亲给了她足够的钱来付房租，但是雕塑工作花费非常高，她经常欠债，为钱困扰。

虽然卡米尔与罗丹决裂了，但罗丹还是帮助她找客户。问题是卡米尔太骄傲了，乃至太蔑视其他人。

她的弟弟保罗却经历了不同的人生。1893年，保罗一边创作，一边成了外交官，去了美国波士顿。1894年调任上海，后来在福州和天津等地工作，一直到1910年左右才回到法国。1908年，他还代表法国参加了慈禧和光绪的葬礼。在此期间，保罗与姐姐卡米尔很少见面。

1904年，40岁的卡米尔变得体型臃肿，浮肿的脸失去了往日美丽的轮廓，曾经如牛奶般明亮的脸蛋如今色泽蜡黄，她已像50岁的人了，唯有眼睛还留着那抹不羁的光彩。

随着时间的推移，卡米尔日趋明显地患上了被迫害妄想症。她原来就恨罗丹，认为罗丹是她不幸的根源，现在扩展到全世界，觉得全世界都在迫害她。

她到处写信辱骂其他人，还在信里装着垃圾，她的院子一楼的邻居们都嫌恶她的存在。肮脏、浑浊的嗓音、紧闭的百叶窗、封死的大门、偶尔回响在院子里的辱骂声，所有这一切都令人不快。但越来越令人不安的是那个穿着天鹅绒大衣的老妇人，衣衫褴褛，肮脏不堪，还偷偷地出没。邻居们都说她是疯子。

XXI

1913年3月2日卡米尔的父亲去世，他在世的时候是不会将宝贝女儿送进精神病医院的。但3月10日，卡米尔的其他家人就将她送进精神病院；4月16日，他们召开家庭会议，讨论如何看护卡米尔的财产。

其实，精神病医生也注意到卡米尔的“异常”，因为她没有任何形式的幻觉和语言障碍。

应该说，医生并没有必须让卡米尔住院的理由，只是应卡米尔母亲的要求而已。

医生也表明，任何时候只要家人的一个请求，卡米尔就可以回归正常的生活。

但卡米尔一关就是30年，直到死去。

卡米尔的母亲明确禁止女儿和外界的一切联系，不准探视，不准通信。医护人员则严格执行她的命令。

罗丹从报纸上得知这个消息后，曾想介入，但此时的他已疾病缠身，足不出户。因为涉及他的爱人，只能偷偷地进行，最后也是无能为力。因为精神病院院长认为必须得到卡米尔的家人的同意才能答应任何事。

卡米尔的母亲30年来没有看过女儿一次，妹妹路易斯17年后的1930年来看过卡米尔一次，这也是唯一的一次。保罗则来过17次，平均每年不到一次。

卡米尔知道自己被监视和加在她身上的禁令，她没有失去自己的智慧，她努力绕过母亲的权威，试图重新与自己亲近的人建立联系。她设法把一些消息传递到外面的世界，通过某个护士或守卫让外界拯救她。

但她的母亲很警觉，坚决要求医院方面严格看管。甚至卡米尔住院5年后，确认这位病人身上的精神病症状有所减轻，出现令人安慰的恢复时，卡米尔的母亲还是拒绝让女儿出院。

看看她母亲写给医院的信件，很怀疑其也病得不轻。

1920年6月卡米尔的母亲写给疯人院负责人的信：

如果她从你们那里出来，我敢肯定，她立刻就会开始给我们制造麻烦。让精神病人回归自由是有很大危险的，因为他们一旦回到自己的环境，很快就会找回那些疯狂的念头。

我不在自己家，而是在我二女儿那里；我年纪很老了，经常生病，因此，我不能接受在你们那里的这个人，也不允许你们尝试放她出来。[①]

1929年母亲去世后，卡米尔的妹妹和弟弟保罗仍让她待在疯人院里。

真正有病的凡·高在疯人院里顽强作画，而卡米尔没有制作雕塑，没有再

① [法] 多米尼克·博纳：《克洛岱尔情结：卡米耶与保罗的一生》，王恬译，华东师范大学出版社2010年版，第245页。

画过一幅速写、一张画。医院曾为她创造条件，拿来一堆黏土，她动都没动过。

她其实是清醒的，1927年3月3日写信给保罗：

看你在一间疯人院里浪费钱，我感到遗憾。这些钱本可以派上大用场，让我做出一些漂亮的作品，愉快地生活！多么不幸啊！我都要为之哭泣了！[①]

她并不是脑子里一片空白，1932年给保罗的信中她写道：

保罗，你自己心里清楚，你姐姐被囚禁着，而且是和一群成天嚎叫、做着鬼脸、连一句话也说不清楚的女疯子在一起。20年来，这就是人们强加给一个无辜女人的待遇。妈妈活着时，我不停地求她把我接走，她可以把我安排在任何地方，医院、修道院都行，只要不是在疯人院。每次我都碰壁……[②]

1933年，卡米尔发怒了，变得十分暴躁，甚至说出了冒犯神灵的话，她1933年写给保罗的信：

你对我说，上帝怜悯受苦的人，上帝是善的，等等，等等。我们倒是来说说你的好上帝吧，他把一个无辜的女人扔在疯人院里，任其腐烂。我不知道……[③]

1938年，我们看到卡米尔的最后一封信，她对保罗说她经常想起他们

① [法] 多米尼克·博纳：《克洛岱尔情结：卡米耶与保罗的一生》，王恬译，华东师范大学出版社2010年版，第270页。
② [法] 多米尼克·博纳：《克洛岱尔情结：卡米耶与保罗的一生》，王恬译，华东师范大学出版社2010年版，第264页。
③ [法] 多米尼克·博纳：《克洛岱尔情结：卡米耶与保罗的一生》，王恬译，华东师范大学出版社2010年版，第268页。

“亲爱的妈妈”，想起她以前为妈妈画的那幅肖像，母亲的“大眼睛里流露出某种隐秘的痛苦——她的卑微，她的责任感”①。

70岁开外的卡米尔一如既往地责怪是罗丹把那幅肖像画给弄没了。

她的落款是“你流放的姐姐”。

1943年10月19日，卡米尔去世。

在疯人院外面的保罗因为文学成就声誉日隆，1946年在未参选的情况下当选法兰西学院院士。

XXII

卡米尔与罗丹的故事，我早已知道。卡米尔被关进疯人院，我也知道。可我这次因为写作罗丹博物馆，很偶然地知道保罗·克洛岱尔竟然是她的弟弟。而保罗因为与中国的渊源，以及他对荷兰绘画等的解读，深得我心。

我又读到了卡米尔是如何被关进疯人院的，为何“囚禁”时间长达30年，真是目瞪口呆。

我觉得罗丹和卡米尔的雕塑所叙述的故事都无法与卡米尔的疯人院悲剧相比拟。我不动声色地叙述一番，没有多发议论，这并不意味着我没有感慨。

只是事实实在太残酷、冷漠。我自己虽然不是精神病专家，但接触过类似卡米尔这样的人，有的还是我的亲人。他们只不过是因为人生的不幸，变得怨毒而已。他们有时很让人讨厌，唯恐避之不及，但也只不过如此，把他们关在疯人院里是无辜的。卡米尔的家人内心也会明白这点，尤其是她那位亲爱的弟弟保罗。

① [法] 多米尼克·博纳：《克洛岱尔情结：卡米耶与保罗的一生》，王恬译，华东师范大学出版社2010年版，第268页。

参考书目

1. [美] H.W.詹森、J.E.戴维斯：《詹森艺术史》，艺术史组合翻译实验小组译，湖南美术出版社2017年版。

2. [美] 弗雷德·S.克莱纳、理查德·G. 坦西、克里斯丁·J. 玛米亚：《加德纳世界艺术史》，诸迪、周青译，中国青年出版社2007年版。

3. [德] 彼得·J.加特纳：《艺术与建筑：奥赛博物馆》，刘鑫译，中国铁道出版社2011年版。

4. [德] 玛蒂娜·帕德贝格编：《艺术与建筑：巴黎》，王兰军译，中国铁道出版社2011年版。

5. [意] 西蒙娜·巴尔多蕾娜编：《巴黎奥赛美术馆》，项好译，译林出版社2014年版。

6. [法] 丽莎·大卫逊、伊丽莎白·爱尔：《巴黎》，郭雪贞译，辽宁教育出版社2001年版。

7. 澳大利亚Lonely Planet公司编：《巴黎》，邹云、李文雯、彭蕾译，中国地图出版社2015年版。

8. [德] 瓦尔特·本雅明：《巴黎，19世纪的首都》，刘北成译，商务印书馆2015年版。

9. [美] 大卫·唐尼：《巴黎，巴黎：漫步光之城》，陈丽丽、吴奕俊译，生活·读书·新知三联书店2016年版。

10. 罗惠珍：《巴黎不出售：人人有房住、生活低负担的法国好宅新思维》，（中国台湾）尖端出版社2015年版。

11. [英] 科林·琼斯：《巴黎城市史》，董小川译，东北师范大学出版社2008年版。

12. [法] 贝纳德·马尔尚：《巴黎城市史：19—20世纪》，谢洁莹译，社会科学文献出版社2013年版。

13. 欧洲大丈夫：《巴黎大丈夫》，（中国台湾）尖端出版社2017年版。

14. [美] 史蒂芬·柯克兰：《巴黎的重生》，郑娜译，社会科学文献出版社2016年版。

15. [法] 罗杭·德奇：《巴黎地铁站的历史课：从西堤岛到新凯旋门，纵横法国古今2100年》，李桂蜜译，（中国台湾）商周出版社2013年版。

16. [英] 安德鲁·哈塞：《巴黎秘史》，邢利娜译，商务印书馆2012年版。

17. [英] 格雷厄姆·罗布：《巴黎人：探索巴黎历史的神奇之旅》，许婧、王利军译，北京大学出版社2011年版。

18. [韩] 秦京秀：《巴黎，如此美味：美味寻踪》，金青松译，中国水利水电出版社2013年版。

19. [日] 殿真理子：《巴黎散步之旅》，吴乃慧译，（中国台湾）天下杂志股份有限公司2016年版。

20. [日] 狄野雅代、樱井道子：《巴黎：体会文艺法兰西》，张利峰译，电子工业出版社2015年版。

21. 缪咏华：《巴黎文学散步地图》，中信出版社2017年版。

22. [法] 玛丽·勒高佐：《巴黎闲逛，走进老房子》，徐峰译，南海出版公司2016年版。

23. [美] 若昂·德让：《巴黎：现代城市的发明》，赵进生译，译林出版社2017年版。

24. [美] 大卫·哈维：《巴黎，现代性之都》，黄煜文译，（中国台湾）群学出版有限公司2007年版。

25. [日] 殿真理子：《巴黎寻宝：杂货中的时尚》，何涛、姚强译，人民邮电出版社2013年版。

26. 丁奕岑主编：《巴黎与近郊 No.40》，（中国台湾）墨刻出版社2017年版。

27. [意] 劳伦莎·沙拉蒙、玛塔·阿尔法雷斯·冈萨雷斯：《版画鉴赏方法》，杨韵涵译，北京美术摄影出版社2016年版。

28. [爱尔兰] 萨缪尔·贝克特：《贝克特全集21：论普鲁斯特》，陈俊松译，湖南文艺出版社2017年版。

29. 郑治桂、林韵丰：《360° 感觉雷诺瓦》，（中国台湾）原点出版社2013年版。

30. [英] 约翰·理查德森：《毕加索传：1881—1906（卷一）》，孟宪平译，浙江大学出版社2016年版。

31. [英] 约翰·理查德森：《毕加索传：1907—1916（卷二）》，孟宪平译，浙江大学出版社2017年版。

32. [美] 盖里·凡·哈斯：《毕加索的青葱岁月》，阿布、傅薇译，新世界出版社2017年版。

33. [美] 拉里·威瑟姆：《毕加索和杜尚：现代艺术的灵魂之争》，唐奇译，中国人民大学出版社2014年版。

34. [意] 费德里科·波莱蒂：《波提切利》，束光译，北京时代华文书局

2015年版。

35. 何政广主编：《毕沙罗》，河北教育出版社2005版。

36. 邵军主编：《不朽的大师——杜比尼》，安徽美术出版社2017年版。

37. 杜一雄：《不艺术，不法国》，鹭江出版社2017年版。

38. [日] 中野京子：《从莫奈到梵·高，印象派里有什么》，徐天鸿译，电子工业出版社2017年版。

39. [奥] 西格蒙德·弗洛伊德：《达·芬奇的童年回忆》，张恒译，九州出版社2014年版。

40. 邵军主编：《不朽的大师——修拉》，安徽美术出版社2017年版。

41. [英] 马丁·坎普：《达文西的真实世界》，漆文欣译，（中国台湾）五南出版社2015年版。

42. [法] 罗曼·罗兰：《大地之子的落日挽歌：米勒传》，冷杉、杨立新译，金城出版社2012年版。

43. [德] 贝尔德·格洛维：《德加》，姚珊珊译，北京美术摄影出版社2017年版。

44. 何政广主编：《世界名画家全集：德加》，河北教育出版社2008年版。

45. 侯权珍：《世界名画家全集：勃纳尔》，河北教育出版社2010年版。

46. 李依依编译：《世界名画家全集：夏赛里奥》，（中国台湾）艺术家出版社2014年版。

47. [美] 杰克·弗莱姆：《马蒂斯与毕加索：画坛双璧的对抗与友谊》，程文华、陈松松 、段友国译，上海交通大学出版社2014年版。

48. 子衡编著：《德拉克洛瓦关键词》，湖南美术出版社2010年版。

49. [法] 欧仁·德拉克洛瓦：《艺术引导人生：德拉克洛瓦的私人日

记》，冯锦译，山东美术出版社2011年版。

50. [英] 亚当・瓦特：《普鲁斯特评传》，辛苒译，漓江出版社2014年版。

51. 周克希编译：《普鲁斯特书房：笔记本》，华东师范大学出版社2016年版。

52. [法] 莱昂・皮埃尔－甘：《普鲁斯特传》，蒋一民译，重庆大学出版社2011年版。

53. [英] 爱德蒙・怀特：《马塞尔・普鲁斯特》，魏柯玲译，生活・读书・新知三联书店2014年版。

54. 郑治桂等：《印象・左岸：奥赛美术馆30周年大展导览手册》，（中国台湾）典藏艺术家出版2017年版。

55. 金荣淑：《手上美术馆2：奥赛美术馆必看的100幅画》，（中国台湾）城邦商业周刊2017年版。

56. [法] 安・沃拉尔：《我见证了法国现代艺术史——画商沃拉尔和他的画家朋友们》，陈训明译，上海社会科学院出版社2017年版。

57. 何政广主编：《夏尔丹：反映真实生活的写实画家》，（中国台湾）艺术家出版社2013年版。

58. [法] 吉勒・普拉吉：《塞尚的餐桌》，和灿欣译，中国摄影出版社2012年版。

59. [英] 罗杰・弗莱：《塞尚及其画风的发展》，沈语冰译，广西美术出版社2016年版。

60. [法] 塞尚：《塞尚艺术书简》，潘襎译，金城出版社2011年版。

61. [法] 左拉：《杰作：一部关于塞尚的小说》，冷杉、冷枞译，金城出版社2014年版。

62. [意] 罗伯特·伯纳贝：《天才艺术家：塞尚》，安雨帆译，北京时代华文书局2016年版。

63. 何政广主编：《世界名画家全集：塞尚》，（中国台湾）艺术家出版社2010年版。

64. [意] 加布里埃·克列帕迪：《高更》，许丹丹译，北京时代华文书局2015年版。

65. 方秀云：《解读高更艺术的奥秘》，（中国台湾）艺术家出版社2010年版。

66. [英] 肯尼斯·克拉克：《裸体艺术》，吴玫、宁延明译，海南出版社2002年版。

67. [法] 多米尼克·博纳：《克洛岱尔情结：卡米耶与保罗的一生》，王恬译，华东师范大学出版社2010年版。

68. [法] 塞戈莱纳·莱·梅恩：《库尔贝》， 周渝、袁欣译，北京美术摄影出版社2016年版。

69. [意] 西莫娜·巴托勒纳：《劳特累克》，张梦佳译，北京时代华文书局2016年版。

70. [法] 安妮·迪斯泰尔：《雷诺阿》，闭朝莲、蔡莲莉译，北京美术摄影出版社2016年版。

71. [意] 西莫娜·巴托勒纳：《雷诺阿》，王苏娜译，北京时代华文书局2015年版。

72. 何政广主编：《米勒》，河北教育出版社1998年版。

73. 何政广主编：《世界名画家全集：莫奈》，河北教育出版社2008年版。

74. [俄] 娜塔利娅·布罗茨卡娅、尼娜·卡利蒂娜：《外国名家精读：克劳德·莫奈》，赵晖、曹子雄译，人民美术出版社2016年版。

75. 上海天协文化编:《印象派大师：莫奈》，上海书画出版社2014年版。

76. [法] 克莱尔·若耶：《莫奈的家宴》，王夏译，中国摄影出版社2013年版。

77. 张佳玮：《莫奈和他的眼睛》，译林出版社2014年版。

78. [法] 莫奈：《莫奈艺术书简》，张恒译，金城出版社2012年版。

79. [英] T.J.克拉克：《现代生活的画像：马奈及其追随者艺术中的巴黎》，沈语冰、诸葛沂译，江苏美术出版社2015年版。

80. [英] 克里斯托弗·劳埃德：《纸上的舞者：埃德加·德加的素描与色粉画》，朱一凡、王莹、邢煜婧译，上海人民美术出版社2017年版。

81. [意] 西莫娜·巴托勒纳：《马奈》，王苏娜译，北京时代华文书局2015年版。

82. [法] 米歇尔·福柯：《马奈的绘画：米歇尔·福柯，一种目光》，谢强、马月译，河南大学出版社2017年版。

83. 柳晓寒编：《世界著名美术大师作品鉴赏：毕沙罗》，浙江摄影出版社2015年版。

84. [德] 维多利亚·查尔斯、安纳托里·颇多克西克：《外国名家精读：巴勃罗·毕加索》，赵晖译，人民美术出版社2016年版。

85. [法] 亨利·拉西莫夫：《亲爱的普鲁斯特今夜将要离开》，陆茉妍、余小山译，四川文艺出版社2017年版。

86. 陈英德、张弥弥：《威雅尔》，（中国台湾）艺术家出版社2004年版。

87. [法] 让·布兰科：《维米尔》，袁俊生译，北京美术摄影出版社2016年版。

88. [意] 莫莉琪亚・塔萨提斯：《维米尔》，杨翕如译，北京时代华文书局2015年版。

89. 何政广主编：《印象派优雅女画家：莫莉索》，（中国台湾）艺术家出版社2014年版。

90. 孙建平编：《赵无极中国讲学笔录》，中华书局2016年版。

91. 张错：《中国风：贸易风动 千帆东来》，（中国台湾）艺术家出版社2014年版。

92. [英] 约翰・伯格：《看》，刘惠媛译，广西师范大学出版社2015年版。

93. 何政广主编：《德尼：纳比派绘画大师》，（中国台湾）艺术家出版社2013年版。

94. [澳] 孤独星球公司编：《法国》，邹云等译，生活・读书・新知三联书店2009年版。

95. [日] 日本大宝石出版社编著：《走遍全球：法国》，李梅译，中国旅游出版社2015年版。

96. [美] 玛丽莲・亚隆：《法国人如何发明爱情：九百年来的激情与罗曼史》，王晨译，上海文艺出版社2016年版。

97. 吕一民：《法国通史》，上海社会科学院出版社2016年版。

98. [英] 帕特里克・泰勒：《法国园林》，周玉鹏、刘玉群译，中国建筑工业出版社2004年版。

99. [法] 格雷戈里：《法兰克人史》，寿纪瑜、戚国淦译，商务印书馆2011年版。

100. [法] 勒内・格鲁塞：《东方的文明》，常任侠、袁音译，商务印书馆2017年版。

101. [意] 弗朗西斯卡・萨尔瓦多里编著：《都灵萨包达美术馆》，崔月译，译林出版社2014年版。

102. [法] 弗朗索瓦兹・巴尔伯・嘎尔：《读懂印象派》，王文佳译，北京美术摄影出版社2016年版。

103. [意] 艾莱娜・吉纳耐斯奇编著：《佛罗伦萨乌菲齐画廊》，刘梦子、刘黎亭译，译林出版社2014年版。

104. 潘襎：《福拉歌那：洛可可绘画大师》，（中国台湾）艺术家出版社2009年版。

105. [英] 安妮・谢弗－克兰德尔、[美] 苏珊・伍德福德编著：《剑桥艺术史》，钱乘旦译，译林出版社2017年版。

106. [美] 布赖恩・埃利奥特：《建筑师解读本雅明》，金秋野译，中国建筑工业出版社2017年版。

107. [澳] 塞巴斯蒂安・斯密：《竞争的艺术》，程雪、董欣然译，江苏凤凰文艺出版社2017年版。

108. [法] 让－保尔・卡拉卡拉：《流浪巴黎的世界文豪》，黄雅琴译，海天出版社2016年版。

109. [意] 达尼埃拉・塔拉布拉编著：《伦敦国家美术馆》，黄河萌译，译林出版社2014年版。

110. [法] 路易・费尔迪南・塞利纳：《茫茫黑夜漫游》，沈志明译，人民文学出版社2015年版。

111. [日] 平松洋：《美的反叛者：拉斐尔前派的世界》，谢玥译，百花洲文艺出版社2017年版。

112. [法] 米歇尔・维诺克：《美好年代：1900—1914年的法国社会》，

姚历译，吉林出版集团·北京汉阅传播2017年版。

113. [瑞典] 奥维·洛夫格伦、乔纳森·弗雷克曼：《美好生活：中产阶级的生活史》，赵丙祥、罗杨等译，北京大学出版社2016年版。

114. 王庭玫编：《名画飨宴100：艺术中的窗景》，（中国台湾）艺术家出版社2011年版。

115. [英] 罗斯金等：《名家品名画》，项丽中、武静译，金城出版社2010年版。

116. [英] 戈弗雷·巴克：《名利场：1850年以来的艺术品市场》，马维达译，商务印书馆2014年版。

117. 方秀云：《母亲的肖像——推动艺术摇篮的手》，（中国台湾）新锐文创出版2016年版。

118. [意] 西尔维娅·波尔盖斯编著：《慕尼黑老绘画陈列馆》，郭宇欣译，译林出版社2014年版。

119. [韩] 金知善、文恩贞：《乐游巴黎：蒙马特·西堤岛·杜乐丽 & 歌剧院区》，独岛译，（中国台湾）日月文化出版社2016年版。

120. [法] 马塞尔·普鲁斯特：《那地方恍如梦境: 关于瞬间与永恒的艺术》，冷杉译，金城出版社2013年版。

121. [加] 珍妮丝·麦克里欧：《那一年，我在巴黎：跟海明威一起享受流动的餐宴》，孟令函译，（中国台湾）远流出版社2018年版。

122. [英] 马丁·坎普编：《牛津西方艺术史》，余君珉译，外语教学与研究出版社2009年版。

123. [法] 安妮·贝荷斯特、奥黛莉·狄旺、卡洛琳·狄：《如何当个巴黎女人：爱情、风格与坏习惯》，林师祺译，（中国台湾）平安文化出版社

2015年版。

124. [法] 弗朗索瓦丝·芭布－高尔：《如何看一幅画》，郑柯译，中信出版社2014年版。

125. [法] 弗朗索瓦丝·芭布－高尔：《如何看一幅画Ⅱ》，郑柯译，中信出版社2015年版。

126. [俄] 娜塔利娅·布罗茨卡娅：《外国名家精读：印象主义和后印象主义》，刘乐、张晨译，人民美术出版社2014年版。

127. 马萧：《印象派的敌人》，清华大学出版社2017年版。

128. [法] 让－保尔·克雷斯佩勒：《印象派画家的日常生活》，杨杰、王奕、郭琳译，华东师范大学出版社2010年版。

129. 郑宝娟：《说法兰西的闲话——我看法国文化精神》，（中国台湾）九歌出版社2012年版。

130. [英] 格雷厄姆·罗布：《探索法国》，王梦达译，复旦大学出版社2016年版。

131. [法] 让－伊夫·塔迪耶：《未知的湖：普鲁斯特与弗洛伊德之间的秘密》，田庆生译，华东师范大学出版社2017年版。

132. [法] 伊旺·克卢拉：《文艺复兴时期卢瓦尔河谷的城堡》，肖红译，上海人民出版社2007年版。

133. [美] 伊丽莎白·伦迪：《无码：艺术大师的秘密生活》，王敏译，北京联合出版公司2016年版。

134. [美] 迈耶·夏皮罗：《现代艺术：19与20世纪》，沈语冰、何海译，江苏凤凰美术出版社2017年版。

135. [法] 巴黎小佛爷：《小佛爷带你游法国》，刘一濛译，中国轻工业出版社2018年版。

136. [美] 罗伯特·休斯：《新艺术的震撼》，欧阳昱译，上海人民美术出版社1989年版。

137. [美] 菲利普·德·蒙特贝罗、[英] 马丁·盖福特：《艺术的对话》，马洁译，上海人民美术出版社2016年版。

138. [英] 贡布里奇：《艺术的故事》，范景中、杨成凯译，广西美术出版社2011年版。

139. [英] 西蒙·沙马：《艺术的力量》，陈玮、黄新萍、王炯奕、郑柯译，北京美术摄影出版社2015年版。

140. [英] 保罗·约翰逊：《艺术的历史》，黄中宪等译，上海人民出版社2008年版。

141. [英] 马丁·坎普：《艺术的足迹》，刘欣蕙译，四川人民出版社2017年版。

142. 方秀云：《艺术家和他们的女人》，（中国台湾）博雅书屋有限公司2016年版。

143. 王德育：《艺术史101：从印象派到超现实主义》，（中国台湾）活字文化出版社2016年版。

144. [德] 玛蒂娜·帕德贝格编：《艺术与建筑：巴黎》， 王兰军译，中国铁道出版社2011年版。

145. [法] 让－罗伯尔·皮特：《舌尖上的法国》，李健译，中国人民大学出版社2015年版。

146. [法] 奥利维耶·马尼：《画一个巴黎人》，郭亚平译，（中国台湾）麦浩斯出版社2014年版。

147. [美] 安德鲁·谢尔顿：《安格尔》，庞红蕊、何磊译，北岳文艺出版社2017年版。

148. 荷兰凡·高博物馆、海牙惠更斯历史研究所编：《凡·高书信全集》（六卷），林骧华等译，上海书画出版社2016年版。

149. [美] 杰弗里·迈耶斯：《印象派四重奏：马奈与摩里索特，德加和卡萨特》，蒋虹译，广西师范大学出版社2008年版。

150. [法] 安托瓦内特·诺曼德·罗曼：《罗丹》，蔡莲莉、顾珏弘、贾彤译，北京美术摄影出版社2015年版。

151. [法] 埃莱娜·比奈：《罗丹：激情的形体思想家》，周克希译，吉林出版集团2015年版。

152. 张志雄：《阿姆斯特丹之光》，四川人民出版社2022年版。

153. 张志雄：《爱在阿西西》，上海社会科学出版社2022年版。

154. 张志雄：《冬日西西里》，上海社会科学出版社2023年版。

155. 张志雄：《京都味道》，九州出版社2020年版。

156. 张志雄：《游走在时空边缘：我的环球文化之旅》，当代世界出版社2005年版。

157. 张志雄：《激情那不勒斯》，上海社会科学出版社2023年版。

158. Saint-Simon(1953), *The Memoirs*, Paris: Éditions Gallimard.

159. Geoffroy Deffrennes, Véra Dupuis(2013), *Méert: Une histoire de gourmandise*, Paris: Éditions du Chêne.

160. Pierre Clarac, André Ferré(1965), *Album Proust*, Paris: Bibliothèque de la Pleiade.

161. Laurence Madeline(2010): *Musée d'Orsay 100 Impressionist Masterpieces*,

Paris: Scala Éditions.

162. Laurent Manoeuvre(1997), *Boudin: Sky and Sea*, Paris: Éditions Herscher.

163. Laurence Madeline(2017), *Musée de l'Orangerie: The Walter–Guillaume Collection and Claude Monet's Water Lilies*, Paris: Scala Éditions.

164. Edited by Catherine Chevillot and Aline Magnien(2017): *Guide to the Musée Rodin Collections*, Paris: Éditions du Musée Rodin.

165. Jane Lee(1990), *Derain*, Oxford: Phaidon Press Limited.

166. Richard Shone(2015), *Sisley*, Oxford: Phaidon Press Limited.

167. Michael Gibson(2017), *Redon*, Cologne: Taschen.

168. Douglas K. S. Hyland, Heather McPherson(2000), *Marie Laurencin: Artist and Muse*, Birmingham: Birmingham Museum of Art.

169. Edited by Marianne Mathieu(2017), *Musée Marmottan Monet: A Guide to the Collections*, Paris: Musée Marmottan Monet.

170. Giovanna Magi(1999), *Paris: Discovering the World's Most Beautiful City*, Florence: Casa Editrice Bonechi.

171. Emilie Bouvard(2016), *Masterpieces of the Musée National Picasso–Paris*, Paris: Éditions Artlys.

172. Charles Garnier(2013), *Le Nouvel Opera de Paris*, Paris: Hachette Livre.

173. Severine Cuzin–Schulte(2012), *Musée d'Orsay: Guide de Visit*, Paris: Éditions Artlys.